英語学セミナー

思考鍛錬のための言葉学

高橋勝忠+福田稔
Katsutada TAKAHASHI+Minoru FUKUDA

YOU CAN READ

THIS MESSAGE

GOOD LUCK

松柏社

まえがき

　過去 10 年間，大学生・短大生に英語学概論の授業をしながら，どのようにすれば学生たちの興味を引くことが出来るか，教材と指導の観点から考えてきた。学生たちに英語学の内容を幅広く紹介するのがいいのか，その一部を紹介するだけでいいのか，毎年授業をしながら頭を痛めてきた。前者では基本概念の確認と理解に時間を取り，各分野の面白さを十分に伝えることができなかったように思われる。逆に，後者では自分の専門分野を含めた特定の領域を紹介することから専門的になりがちで，結果として専門用語の中身や議論の本筋を理解するのに時間が取られ，分野全体を見渡すには一年間という限られた時間の中では消化不良を起こしたように思われる。また，英語学概論は講義科目であることから一方通行の授業になりがちで，学生の理解がどこまで及んでいるのか教師側から把握しにくい面もあり，且つ，教師にとって興味ある内容であっても学生にはそうではない場合もある。本書では，少々欲張りであるが，これらの問題を解決するために，第一に学習者にとって興味ある内容を取り上げることを基盤に置き，次のような構想で英語学の内容を紹介することにした。

　1）学習者が興味を持つ内容であること。（授業中に練習問題を学生に解かせ，理解度と興味度のアンケートを提出させた。この二つは相関関係があるようである。本書では主として，60％以上の興味度があったものを内容として取り上げた。）
　2）わかりやすく説明すること。（基本概念の説明は，できるだけその言語事実と共に示し，あとから確認できるように引用例に出典を明記した。）
　3）演習的要素を取り入れること。（各節の終りに練習問題〈前半は基

本問題，後半は応用問題〉を課題として与えた。授業毎にこの部分のレポートを提出させ，出席確認や理解度・興味度を知ることもできる。）

　全体の内容としては，著者の専門分野であるということも関係するが，学習者が自ら考え，分析する時間を取れるように，語と文の形式や構造に係わる言及を多くしている。したがって，形態論と統語論の章（第2章から第5章）が長くなり，その他の分野のトピックも語と文の形式や構造に関連する内容を多く取り上げている。形式や構造に目を向けることによって，意味や音との関連性を理解してもらいたいからである。

　学習者が予備知識なしに独学でも取り組めるように，難しい説明を極力避けるように努めた。練習問題の中には自分で辞書を引いて意味を確かめたり，積極的に考えなければならない設問も含まれているが，思考鍛練の場を提供し自ら規則性を発見する喜びを見出してもらいたい意図からである。また，概論的色彩よりも論文的色彩を一部取り入れているのは，議論の展開の仕方，複数の分析を関連づけるという（実際の研究の場で行われている）ことを学習者に学んでもらいたいからである。

　大学・短大における英語学概論の授業で使用することを基本に置いているが，具体的なトピックの内容に関して大学の演習・卒論，短大の課題研究などの手引書としても使用していただけるものと考えている。各章の終りに参考文献とFurther Reading (FR) を付けているので卒論のテーマとしてトピックを発展させたい学生に薦めたい。選んだトピックは学生の反応の高かったものを中心にしているが，各分野の全体像を捉えるには到底及んでいない。しかし，興味のあるトピックを通じて学習者が自ら言語の規則性に関心を持ち専門分野に入る糸口を見つけてもらえば幸いである。本書の各章の担当は，次のようになる。

　高橋勝忠：　第2章，第3章，第6章，第7章，第9章 (9.1, 9.2, 9.3 節)

まえがき

福田稔： 第1章，第4章，第5章，第8章，第9章（9.4, 9.5節），第10章

　内容については，二人で何度も読み合わせて議論を行ったが，不十分な箇所もあると思われる。御教示いただければ幸いである。例文のチェックは Clive Stroud 氏（故　京都女子大学）にお願いした。ここで感謝の意を表したい。出版に際しては松柏社の森信久社長と編集部の里見時子さんにお世話いただいた。心からお礼申し上げたい。

平成12年11月　　　　　　　　　　　　　　　　　　　　　　　　著　者

目　次

まえがき ………………………………………………………………	i
第1章　英語学とは何か …………………………………………	1
1.1.　英語学の目標 ………………………………………………	1
1.2.　英語学の分野 ………………………………………………	4
1.3.　新しい英語学 ………………………………………………	8
第2章　形態論：語の構造 ………………………………………	12
2.1.　接頭辞と接尾辞 ……………………………………………	12
2.2.　派生と屈折 …………………………………………………	14
2.3.　形態的に複雑な語 …………………………………………	16
2.4.　異形態 ………………………………………………………	18
2.5.　その他の語の構造 …………………………………………	20
2.6.　右側主要部の規則 …………………………………………	25
Appendix I：ラテン語・ギリシャ語起源の接頭辞と接尾辞と基体 ………	28
参考文献 ………………………………………………………	33
第3章　形態論：語形成条件 ……………………………………	35
3.1.　接辞の下位範疇化素性と個別条件 ………………………	35
3.2.　レベル順序づけ仮説と枠組み ……………………………	37
3.3.　レベル順序づけ仮説とその問題 …………………………	41
3.4.　レベル順序づけ仮説と生産性 ……………………………	44
3.5.　レベル順序づけ仮説と阻止 ………………………………	46
Appendix II：下位範疇化素性 ………………………………	50
参考文献 ………………………………………………………	52
第4章　統語論：文の構造 ………………………………………	54
4.1.　文の構成要素 ………………………………………………	54
4.2.　構造とあいまい性 …………………………………………	57

- 4.3. 句構造とXバー理論 …………………………………… 59
- 4.4. 句構造の応用 …………………………………………… 65
- 4.5. 補文構造とその応用 …………………………………… 70
  - 参考文献 ………………………………………………… 73

第5章 統語論：依存関係 …………………………………… 75
- 5.1. 移動 ……………………………………………………… 75
- 5.2. 移動が生じる理由 ……………………………………… 80
- 5.3. 移動に課せられる制約 ………………………………… 84
- 5.4. コントロール関係 ……………………………………… 90
- 5.5. 照応関係 ………………………………………………… 92
  - 参考文献 ………………………………………………… 97

第6章 音韻論 ………………………………………………… 99
- 6.1. 音素と異音 ……………………………………………… 99
- 6.2. 単語と子音結合 ………………………………………… 102
- 6.3. 語強勢 …………………………………………………… 105
- 6.4. 文強勢 …………………………………………………… 108
- 6.5. リズム原理と文法形式 ………………………………… 110
  - 参考文献 ………………………………………………… 113

第7章 意味論 ………………………………………………… 115
- 7.1. 意味特質と意味関係 …………………………………… 115
- 7.2. 意味と文法形式 ………………………………………… 119
- 7.3. 意味役割と辞書 ………………………………………… 123
- 7.4. 意味と認知 ……………………………………………… 128
- 7.5. 意味的拡張 ……………………………………………… 130
  - 参考文献 ………………………………………………… 134

第8章 機能論 ………………………………………………… 136
- 8.1. 機能的構文論 …………………………………………… 136
- 8.2. 文の情報構造 …………………………………………… 137

8.3. 省略と後置文 …………………………………………… 142
8.4. 情報のなわ張り理論 …………………………………… 148
8.5. 視点 ……………………………………………………… 151
　参考文献 ……………………………………………………… 156

第9章　語用論 …………………………………………………… 157
9.1. 間接発話行為 …………………………………………… 157
9.2. 間接発話行為から遂行分析 …………………………… 160
9.3. テクストと結束性 ……………………………………… 166
9.4. 協調の原則 ……………………………………………… 171
9.5. ポライトネス …………………………………………… 176
　参考文献 ……………………………………………………… 180

第10章　日英語対照 ……………………………………………… 183
10.1. 句構造 …………………………………………………… 183
10.2. 文構造 …………………………………………………… 186
10.3. 移動と論理形式 ………………………………………… 191
10.4. 情報構造 ………………………………………………… 197
10.5. 視点 ……………………………………………………… 201
　参考文献 ……………………………………………………… 204

索　引 ……………………………………………………………… 206

第 1 章　英語学とは何か

1. 1. 英語学の目標

　一般に英語学には次の2つの大きな目標があると言ってよいだろう。第一に，英語という言語に係わる事実を正確に分析し記述する（describe）ことである。第二の目標は，英語という言語の仕組みの規則性を発見し，様々な言語事実を説明することである。

　まず，第一の目標についてもう少し詳しく考えてみよう。すでに学校英文法などでは英語の事実をまとめてあるので，これを参考にすればこの目標を達成できると思われるかも知れない。しかし，それだけでは不十分な場合があると考えられる。

　例えば，学校英文法は規範文法（normative grammar, prescriptive grammar）という性質を備えているために，「正しい」とされる特定の表現だけを強いる可能性がある。その結果，実際に使用されている表現を「間違った表現」と見なすことになる。そうなると，言語事実を正確に記述していると言えなくなるだろう。また，学校英文法は主に正しいとされる表現を集めているので，逆に，ある構文の「不自然さ」や「不自然さの度合」というところまでは教えてくれないだろう。

　したがって，英語の事実を正確に記述すると言っても，正しいとされる大まかな事実を記述することはできても，すべての言語事実を細かいところまで記述することはそれほど簡単にできることではないのである。

　次に，第二の目標について考えてみよう。私たちは無意識のうちに言語を使っているように思えるが，実は言語にはあるパターンがあり，それは一定の規則（rule）に従っていると考えられる。そのような規則は体系を

成し，それは文法 (grammar) と呼ばれている。

　私たちは単にある表現が正しいという判断をすることができるだけでなく，ある表現は不自然な表現だ，とか，この表現はあの表現より不自然だ，といった細かな判断もできる能力を備えている。英語のネイティブスピーカーの場合も同じである。彼らは無意識のうちに英語の文を発話したり書いたりしているように見えるが，やはり，英語の文法に従っているのである。その英語の文法を明らかにするのが英語学の仕事の一つなのである。

　文法が明らかになると，それを用いて様々な言語事実を説明することができるようになる。ただ単に事実を記述するだけでなく，一歩進んで「説明する」という作業へと立ち入ることになる。例えば，英語には「助動詞のあとには動詞の原形が来る」という文法規則がある。つまり，(1) は英語として適格な構文だが，同じ過去の意味を表すのに，(2) の文を作っても，これは不自然な英語の文でしかない。((2) の ＊ 印はアステリスク (asterisk) と呼ばれる。形態論と統語論などでは，その表現が不自然であることを示し，文法的でない (not grammatical)，非文（法的）である (ungrammatical)，適格でない (ill-formed) と言うこともある。機能論でも同様の意味で用いられることがあるが，構文としては成立しているが，不自然さが感じられるということを表す場合もある。不自然さの度合いを，?, ??, ＊ で表し，? は不自然さがわずかに感じられることを，?? は中間段階を表す。意味論でも形式的には正しいが意味に不自然さがある時に用いられることがある。)

(1)　　John could speak French.（ジョンはフランス語が話せた）
(2)　　＊John can spoke French.

　それでは，何故，助動詞のあとの動詞は原形でなければいけないのだろうか。もちろん，「英語の規則だからそうなのである」という答えも可能だろう。しかし，これは「事実がそうなっているから仕方がない」と言っているのと同じである。この英語の規則の奥深くにはもっと根本的な言語

の仕組みがあって，理路整然とした答えがあるのではないだろうか。それを解き明かすのが英語学の仕事の一つなのである。

　興味深いことに，事実の記述とその説明という2つの目標は，ある面では相容れない性質を備えている。例えば，英語の事実を詳しく調べれば調べるほど多様性が生じて，統一的な規則を発見したり，統一的に説明したりということが難しくなるという状況へ陥っていくからである。

　そこで，英語を研究する者には，分析する資料の質を見極める能力が求められると言えよう。ネイティブスピーカーの言語能力（competence）をより忠実に反映しているような資料を他の資料と識別し，理論を組み立てるための土台となるような資料を特定する，そういう能力である。

　そのような作業の繰り返しを通して，ある規則を発見できたら，他の例にも当てはめて，それが正しい結果をもたらすかどうかをチェックしたり，あるいは，正しい予測をするかどうかをチェックするという作業をさらに行うことになる。このような方法は「演繹法」と呼ばれているやり方である。正しい根本的な原理を基にして，理論全体を作り上げていく方法である。

　これに対して，すべての用例をチェックして，規則や結論を引き出す方法は「帰納法」と呼ばれている。例えば，シェイクスピアの英語の研究を行う場合に有効な手段である。すでにシェイクスピア本人は存在せず，彼の作品のみが残されているので，特定範囲の用例すべてを検討することができるからである。

　ただし，英語に関する事実の収集を続けていくと，それまで発見されていないような新しい例が登場する可能性が出てくるだろう。そのような，「未来の事実」を正しく予測・説明するには帰納的な研究法には限界がある。1000の事実から結論を引きだしても，1001番目の事実に反例となるようなものが出てくる可能性があるからである。そこで，演繹的な研究法も必要とされるのである。

　事実，最近の理論言語学ではこのような演繹法に基づいた理論が構築さ

れている。その代表が，アメリカ合衆国のマサチューセッツ工科大学のノーム・チョムスキー（Noam Chomsky）という言語学者が提案している生成文法（Generative Grammar）という理論である。本書でもその基本的な考えを紹介する。

1.2. 英語学の分野

　英語学の研究対象は，英語に係わるすべての領域が入ると言ってもよいだろう。したがって，いわゆる学校英文法で扱われる文法事項は当然研究対象に入るが，それ以外の，例えば，英語の習得，英語の歴史，英語の方言，マスメディアの英語なども研究対象に入るのである。

　しかも，ここで言う英語というのは，特定の英語のことではない。つまり，アメリカ合衆国とかイギリスで現在用いられている標準的な英語だけを指すのではない。それ以外の地域で用いられている英語も含むし，また，時代を越えて，例えば，シェイクスピアなどが使っていた昔の英語のことも指し示している。

　もちろん，具体的な研究では，特定の英語にターゲットを絞って研究を進める場合が多いが，だからといって，それ以外の英語は英語として認めないということではない。また，実際には時間的な規準によって研究を区分することもある。具体的には，ある特定時代（時点）の英語について研究する場合を共時的英語学（Synchronic English Linguistics）と呼んでいる。例えば，現代英語の研究とか，シェイクスピア時代の英語の研究というのがこれにあたる。これに対して，時間の流れに添った研究は通時的英語学（Diachronic English Linguistics），あるいは，史的英語学（English Historical Linguistics）と呼ばれている。例えば，シェイクスピアの時代の英語から現代英語に至る言語変化の研究がこれにあたる。

　さて，英語学の研究では，標準的でないという理由で，その英語を研究対象から外すということもない。例えば，アメリカ合衆国のアフリカ系アメリカ人たちが用いる英語には標準的な英語と異なる際だった特徴がある。

だからといって，その人たちの英語には規則性が無く，無秩序に使われているということではない。様々な研究を通して，きちんとした文法体系を備えた言語である，ということがわかっている。

言語研究というものは，その言語を話す人や用いられる地域によって差別をしないということを前提にしている。いかなる言語も人間の持つ抽象的な言語能力が具象化したものであるから，人間の言語能力の解明に役に立たないということはあり得ないからである。

ただし，例えば，英語の方言研究は興味深いトピックであるが，日本にいる私たちにとっては（便利なインターネットなどが利用できるとしても）地域的，距離的な事情から詳細な研究は，やりにくいというのも事実であろう。研究トピックを選ぶ際には，このような事情も考慮することが必要となる。したがって，実際には研究トピック選択の範囲は自ずと限定されることが多い。

次に，英語学と言語学の関係について触れておこう。英語学はもっぱら英語という言語を研究対象とする分野である。一方，言語学は人間言語（あるいは，自然言語）すべてを研究対象とする分野である。つまり，英語学は言語学の一部であると言うことができるだろう。したがって，英語学と言語学の目標や研究分野は重なりあうことが多い。以下で概説する英語学の分野は言語学の分野にも対応するものがほとんどである。

共時的な研究であっても，通時的な研究であっても，次に挙げる英語自体の特質を研究することは基礎研究として重要である。

(3)　a.　音に関する研究分野：

　　　　英語音声学（English Phonetics）

　　　　英語音韻論（English Phonology）

　　b.　語に関する研究分野：

　　　　英語語形成（English Word Formation）

　　　　英語形態論（English Morphology）

c. 文構造に関する研究分野：
　　　　英語統語論（English Syntax）
　　　d. 意味に関する研究分野：
　　　　英語意味論（English Semantics）

　これに加えて，様々な表現がどのように使われるのか，その規則性を研究する語用論（Pragmatics）や，文要素の機能に着目し，様々な言語現象を解明しようとする機能主義（Functionalism）による研究もさかんに行なわれている。複数の言語を比較対照する研究は対照言語学（Contrastive Linguisitics）と呼ばれている。

　また，言語習得の関心も高まり，心理言語学（Psycholinguistics）という分野もさかんに研究が行われている。英語の習得の研究は言語教育との関係でも重要である。また，例えば，流行語や若者言葉といった，社会と言語の係わり方を研究する社会言語学（Sociolinguistics）も関心を集めている。

　最近では，人間の認知の仕組みを計算と表示の2つで捉えようという認知科学（Cognitive Science）の発達と相まって，言語学も認知科学の一部として位置づけようという動きも登場している。

　本書では，以下に挙げるような，英語学の主な分野を取り上げて解説していく。ここで，それぞれの概略を記しておこう。

形態論（第2章，第3章）：
　語は文を構成する最小の単位である。その語がどのような要素から成り立っているのか調べ，その構成の仕方から語の規則性を発見することを目的とする。語の構成は発音や意味とも関係しており，一筋縄ではいかない問題を抱えている（第2章）。本書では，その解決案の代表であるレベル順序づけ仮説を紹介し，その問題点にも触れたい（第3章）。

第1章　英語学とは何か

統語論（第4章，第5章）：

　文がどのような要素から成り立っているのか調べ，その構成の仕方の規則性を発見することを目的とする（第4章）。また，様々な構文における文法現象を調べ，その現象を陰で支配している規則や原則を発見することも目標の一つである。本書では依存関係を取り上げる（第5章）。依存関係とは複数の構成要素やそれらの位置が，ある一定の規則に従って関係していることを言う。統語論では文が実際に使用される機能面とは切り離して研究される傾向がある（8.1節を参照）。

音韻論（第6章）：

　我々は無意識のうちに，規則に従いながら発音をしている。その規則性を発見することを目的とする。発音と言えば，試験問題として扱われる単語のアクセント位置を思い起こされる方が多いだろう。しかし，語にとどまらず，文レベルでも発音の規則性があることがわかっている。本書では，特に語や文における強勢のメカニズムやリズムについて考察する。ぜひ，英語学習にも役立てて頂きたい。

意味論（第7章）：

　人間言語には音声と意味という2つの特性が備わっている。人間のコミュニケーションは意味を音声化する過程と，音声化された意味を解読する過程から成り立っていると言えよう。意味論は語や文の意味を分析する分野である。本書では，意味の本質を捉えるためにこれまで提案された形式意味論と認知意味論を紹介する。

機能論（第8章）：

　文が実際に使用される機能面を重視しながら構文や文法現象を分析する。本書では，文が担う情報という概念がどのような役割を果たしているかという点に着目した機能的構文論を紹介する。これは構文の形式面だけに焦

点を当てる生成文法を批判する中で生まれた理論である。また，情報や事象を話し手がどのような立場で心的に捉えるかということに着目した情報のなわ張り理論や視点に関する理論も紹介する。

語用論（第9章）：
機能論と同様，言語の実際の使用を扱う分野であるが，特に発話という行為に着目して言語使用の分析を行う（実際には，機能論とのボーダーラインは明確ではないことがある）。また，首尾一貫した，明解な会話を成り立たせている原則，逆に，その原則を破る時に生じる効果を発見することも目標の一つである。日常生活の中に様々な研究トピックを見出すことができるだろう。

日英語の対照研究（第10章）：
人間言語に共通した抽象的な原理原則を明らかにし，複数言語の表面的な違いはどのような仕組みを経て生じているのかという問題を解き明かすことを目標とする。確かに，日本語と英語は異なる言語である。しかし，表面的な違いに捕らわれず，各言語の文法規則や原則に着目すると，その違いは恣意的に生じているのではないことが明らかとなる。本書では，第4章，第5章，第8章での英語の分析がどのように日本語に適用されるのかを解説する。

1．3．新しい英語学

これまでの解説から，本書で解説する英語学は，従来の「英文法」という表現から受けるイメージとは随分違っているということを感じられたことであろう。すでに触れたが，本書は生成文法という言語理論とそれに刺激を受けた，いくつかの理論を基にしている。

言語学の歴史は古いが，3つの大きな流れが頻繁に参照される。最初は伝統文法（Traditional Grammar）である。ヨーロッパでは伝統的に学

校教育の中でラテン語が教えられている。そのための文法書の整理がきっかけとなり，伝統文法が誕生した。ラテン語文法を参考にして英文法が生まれたのである。

　20世紀になるとヨーロッパで構造言語学（Structural Linguistics）が誕生した。アメリカ合衆国では，アメリカの先住民たちの言語を記録することを目的としたり，行動心理学の考えを取り入れたりした。

　ところが，20世紀半ばに同じアメリカで生成文法という新しい言語理論が誕生した。これによって，理論言語学が量と質の面で飛躍的に豊かになったと言えるだろう。チョムスキーは言語学が扱うべき問題として次の3つを設定した（Chomsky (1986: 3)；言語使用面も研究の対象となっていることに注意)。生成文法は主に最初の2つを扱う。

(4)　a. 言語の知識はどのようになっているのか。
　　 b. 言語の知識はどのようにして習得されるのか。
　　 c. 言語の知識はどのように使われるのか。

　最初の問題はネイティブスピーカーの言語能力の解明を意味している。様々な言語現象を説明する規則や原理の解明である。

　第二の問題は，子どもの言語習得のメカニズム（つまり，言語習得能力 (language faculty)）の解明を意味している。子どもが見聞きする言語は，教科書どおりの正しい，きちんとした文ばかりではない。しかし，子どもは，短期間のうちに驚くべき早さで言語を習得する。例えば，子どもは複雑な文構造を幼くして作ることができる。英語の話者は4歳位ですでに，What do you think Cookie Monster eats?（「ことばの不思議」NHKで放送された番組）という構文を発話することができる能力を備えているという。

　したがって，子どもが経験だけに頼って言語を習得していくと考えるのには無理があるだろう。これを説明するために，経験的（empirical）なアプローチでなく，合理的（rational）なアプローチを取るのである。つ

まり，あらかじめ人間の脳の中に（あるいは，遺伝子の中に）言語を習得するためのプログラムが備わっていると考えるのである。それは普遍文法（Universal Grammar）と呼ばれている。

　（4a）と（4b）の２つの目標は相反する側面を備えている。多様な言語事実を説明するためには，それだけ多くの規則や原理を設定すれば説明しやすくなるが，その数が多くなったり，複雑になると，子どもの言語習得が困難になるからである。逆に，規則や原理が簡単になり過ぎると，様々な言語事実を説明できないほど簡潔になってしまうこともあるだろう。簡単過ぎてもいけないのである。そこで，調和が必要となる。言語事実をうまく説明し，それと同時に，子どもが習得しやすいほどに簡潔な言語の仕組みを考えることが必要なのである。

　最後に第三の目標について考えてみよう。我々は無意識のうちに言語を使っているようだが，実際にはある一定のパターン，つまり，規則に従いながら言語を用いている。したがって，表面的には多様な言語事実であっても，ある一定の種類に分類することができるのである。もちろん，機能論や語用論など，言語使用に関する研究においても，根本となるような原理や原則というものが発見されている。

　しかし，一般的に，生成文法の研究者は原理や原則というものが鮮明に反映しているような例を中心に分析する傾向がある。一方，言語使用に関心をもって分析を進める研究者は，言語使用のありのままの姿を考察の対象にする傾向がある。したがって，両者は相手側の研究の守備範囲に不備があるのではないかと不安を抱くという傾向があるようだ。時には，論争に至ることもある。

　しかし，これら２つの研究は相反していると見なすよりも，言語研究の大きな目標に異なる方向から接近していて，お互いが考察対象としないところを補い合っていると考える方が建設的であると言えよう。

　これまでの説明から，現代の英語学は演繹的で，合理的なアプローチを取っているということがおわかりになったであろう。

第1章 英語学とは何か

参考文献

和書

林哲郎・安藤貞雄（1988）『英語学の歴史』（英語学入門講座 3） 東京：英潮社．[1.3 節の FR]
井上和子・原田かづ子・阿部泰明（1999）『生成言語学入門』東京：大修館書店．
城生佰太郎（1990）『言語学は科学である』 東京：情報センター出版局．
松本裕治・今井邦彦・田窪行則・橋田浩一・郡司隆男 （1997）『言語の科学入門』（岩波講座・言語の科学 1） 東京：岩波書店．[1.1 節, 1.3 節の FR]
中島平三（1995）『発見の興奮－言語学との出会い』 東京：大修館書店．[1.1 節, 1.3 節の FR]
中島平三・外池滋生（編著）（1994）『言語学への招待』 東京：大修館書店．[1.2 節の FR]
斉藤武生・原口庄輔・鈴木英一（編集）（1995）『英文法への誘い』 東京：開拓社．[1.2 節の FR]
田中伸一・阿部潤・大室剛志（2000）『入門生成言語理論』 東京：ひつじ書房．[1.3 節の FR]
安井稔（1987）『英語学史』（現代の英語学シリーズ 7） 東京：開拓社．

洋書

Aitchison, Jean (1995) *Linguistics: An Introduction*. London: Hodder and Stoughton. [1.2 節の FR]
Akmajian, A. R., R. A. Demers, A. K. Farmer and R. M. Harnich (1995) *Linguistics: An Introduction to Language and Communication*. Cambridge, Mass.: MIT Press.
Chomsky, Noam (1986) *Knowledge of Language*. New York: Praeger. [1.3 節の FR]
Maher, J. and J. Groves (1996) *Chomsky for Begginers*. Cambridge, UK: Icon Books Ltd.
Trask, R. T. (1995) *Language: The Basics*. London and New York: Routledge.
Yule, George (1985) *The Study of Language*. Cambridge, UK: Cambridge University Press. （『現代言語学 20 章』今井邦彦・中島平三訳，東京：大修館書店，1987.）[1.2 節の FR]

第2章　形態論：語の構造

2.1. 接頭辞と接尾辞

　本来，語は文を構成する最小単位として見られるが，語の内部をさらに細く分析すると，中心となる基体（base），基体の前に付く接頭辞（prefix），基体の後ろに付く接尾辞（suffix）の各要素に分割することができる。

　　(1) a. unnaturalness → un（接頭辞）＋ nature（基体）＋
　　　　　 al（接尾辞）＋ ness（接尾辞）
　　　　b. reproduction → re（接頭辞）＋ produce（基体）＋
　　　　　 tion（接尾辞）

　これらの要素は，抽象的には，意味を持つ最小の単位で形態素（morpheme）と呼ばれ，語として独立しているかいないかの基準により，自由形態素（free morpheme）と拘束形態素（bound morpheme）に分かれる。具体的には，nature や produce はそれ自体で語として独立して働き，自由形態素に属する自由形態（free morph）を形成する。un-, -al, -ness, re-, -tion は自由形態に添加（affixation）することにより語の資格を得るので拘束形態素に属する拘束形態（bound morph）を形成する。

　　(2)

　接頭辞や接尾辞は，基体に添加することにより派生（derivation）を左

右に延ばしていく。基体の左側に接頭辞を添加しながら派生を延ばすことを接頭辞化（prefixation）と言い，逆に，基体の右側に接尾辞を添加しながら派生を延ばすことを接尾辞化（suffixation）と言う。一般的に，(3) に見られるように接頭辞化より接尾辞化の方が繰り返し適用される傾向にある。これは，接頭辞が品詞変換（category-changing）を引き起こさないのに対して，接尾辞には品詞変換により新語を生み出す能力があるからである（品詞変換に関しては，次節を参照）。

(3) a. anti←dis←establish→ment→arian→ism （Halle (1973: 3)）
 b. organ→iz→ation→al→iz→ation
  physic→al→ist→ic→al→ist　　　（Chapin (1970: 60)）

英語の接頭辞や接尾辞の例として，他に (4) に挙げるようなものがある。括弧に示すように，もともとラテン語（L）やギリシャ語（G）起源のものが多い（詳しくは，章末の表を参照のこと）。

(4) a. hyper- (G), in-, im- (L), inter- (L), para- (G), syn- (G) など
 b. -ance, -ant (L), -ive (L), -logy (G), -ory (L), -ism (G) など

練習問題

1. 次の語を接頭辞，基体，接尾辞の各要素に分けなさい。
 (a) comfortableness　(b) infrequently　(c) underdevelopment
 (d) unfaithful　(e) constitutionality　(f) intercommunication

2. 次の接頭辞と接尾辞の意味と起源を章末の表で調べ，具体例を 3 つずつ挙げなさい。
 （例）re-: *again, back* (L); reform, redigest, renew

(a) post- (b) meta- (c) sub- (d) -ence (e) -cracy (f) -ize

3. confer, defer, infer, prefer, refer, transfer の各語には共通して -fer が含まれるが，意味を持つ最小の単位の形態素として認められるかどうか考えなさい。

2. 2. 派生と屈折

2.1 節で，派生の傾向として接尾辞化の可能性が高くなるのは，接尾辞の品詞変換させる性質によると述べた。しかし，さらによく調べてみると接尾辞には品詞変換を行うものとそうではないものがあることに気づくだろう（以下の説明において，N は名詞，A は形容詞，V は動詞，Adv は副詞を表し，接頭辞・接尾辞に下線を引いている）。

(5) a. kind (A) → kind<u>ness</u> (N),   eat (V) → eat<u>able</u> (A)
   dark (A) → dark<u>en</u> (V),   move (V) → move<u>ment</u> (N)
   loud (A) → loud<u>ly</u> (Adv),   height (N) → height<u>en</u> (V)
   out (Adv) → out<u>ward</u> (A),   woman (N) → woman<u>ly</u> (A)
  b. hat (N) → hat<u>s</u> (N),   like (V) → like<u>s</u> (V)
   Mary (N) → Mary'<u>s</u> (N),   young (A) → young<u>er</u>, young<u>est</u> (A)
   want (V) → want<u>ed</u> (V),   take (V) → tak<u>en</u> (V)

(5a) のように，自由形態に添加することにより，もとの品詞を変換させる接尾辞のことを派生接尾辞（derivational suffix）と呼ぶ。一方，(5b) のように，文法的関係として複数形・三人称単数現在形・所有格の 's・比較級，最上級の -er, -est・過去形，過去分詞形の -ed, -en を形成し，もとの品詞を変換させない接尾辞のことを屈折接尾辞（inflectional suffix）と呼ぶ。

両者は，派生や屈折（inflection）を促すだけでなく，同じ単語内にこ

れらの二つの接尾辞が共存する場合，派生接尾辞のあとに屈折接尾辞が位置し，その逆は不適格な語を生み出す（語の前に付けている＊マークは英語の母国語話者がその語を容認できないことを示す）。このことから，語形成には順序づけ（ordering）が必要であることがわかる（レベル順序づけの仮説については 3.2〜3.5 節を参照）。

(6) a. boy → boyish → boyishness
     boy → boys → *boysish → *boysishness
   b. general → generalize → generalizable
     general → generalizes → *generalizesable

派生を促す接辞（affix）として接尾辞と共に接頭辞があるが，いくつかの例外（例えば，a-, be-, dis-, en-, out-）を除くと品詞決定能力がなく，その点，接頭辞は屈折接尾辞に似ていると言えよう。

(7) car (N) → mini-car (N),　night (N) → midnight (N)
　　exist (V) → coexist (V),　national (A) → international (A)

しかしながら，接頭辞（8b）は屈折接尾辞（8a）と異なり基体の意味を変化させる。派生接尾辞も（8c）からわかるように基体の意味を変化させる特徴を持っている。したがって，基体の意味変化（semantic change）をもたらすかどうかということも派生と屈折を区別する１つの基準になっている。

(8) a. child（子供）→ children（複数の子供，子供たち）
     small（小さい）→ smaller, smallest（やや小さい，最も小さい）
   b. tiring（疲れさせる）→ untiring（たゆまない）
     famous（有名な）→ infamous（不名誉な，悪名の高い）
   c. boy（少年）→ boyish（元気な）
     read（読む）→ readable（読んで面白い）

練習問題

1. 次の二つの文を比較して，-ing の接尾辞が派生と屈折の両方の働きがあることを説明しなさい。
   (a) Shakespeare was writing *Macbeth* in those days.
   (b) The writings of Shakespeare are loved by everyone.

2. 次の派生語は基体から品詞変換をどのように行っているか説明しなさい。
   (a) happiness   (b) employer   (c) washable   (d) impressive

3. 次の語が容認されない理由を派生と屈折の順序づけの観点から説明しなさい。
   (a) *derivedation   (b) *strongerly   (c) *books-like
   (d) *laughedly

4. cigarette, kitchenette, booklet, piglet, friendship, leadership の各語に含まれる -ette, -let, -ship は基体の品詞を変化させない。これらの接尾辞は派生接尾辞と言えるかどうか考えなさい。

2.3. 形態的に複雑な語

　語は，基本的には基体と接辞（すなわち，接頭辞と接尾辞）の組み合わせであることを2.1節で述べ，接尾辞には派生接尾辞と屈折接尾辞があることを2.2節で言及した。基体は派生や屈折の中心となる部分であるが，形態論では派生接辞や屈折接辞を添加していないもとの基体の形を語根 (root) と呼ぶ。例えば，natural は基体 (nature) ＋ 派生接尾辞 (-al) で構成されるので nature が語根であり，hats は基体 (hat) ＋ 屈折接尾辞 (-s) で構成されるので hat が語根となる（学者によっては，例えば，

Bauer (1983) のように，屈折接辞を取り除いた基体のことを，派生接辞を取り除いた基体と区別するために語幹 (stem) と呼ぶ人もいる。その意味では hat は語幹となる。しかし，Quirk et al. (1972) のように両者の区別をしないで接辞の付かない状態，すなわち，語根を指して語幹と呼んでおり話はさらに複雑になる。本書では，混乱を避けるために語幹という用語は使わないで語根と基体だけを派生や屈折の単位と考える）。

次に，基体の形には形態的に単純な語 (morphologically simple word) である語根の状態から派生・屈折を経て，形態的に複雑な語 (morphologically complex word) の中間段階があることを指摘しておく。例えば，intentionally を例に取ると，intend に -tion, -al, -ly の接尾辞が順に添加していくが，(9a, b, c) の下線部の要素がそれぞれ右側の接尾辞の基体となる。すなわち，intend が形態的に単純な語根の基体で intention, intentional が形態的に複雑な語の基体となる。

(9) a. <u>intend</u> ＋ tion ＝ intention
   語根＝基体

   b. <u>intention</u> ＋ al ＝ intentional
   基体（形態的に複雑な語）

   c. <u>intentional</u> ＋ ly ＝ intentionally
   基体（形態的に複雑な語）

また，speakers の場合は，語根の speak に -er, -s の接尾辞が添加していくが，(10a, b) の下線部の要素が基体である。すなわち，speak が形態的に単純な語根の基体となり，speaker が形態的に複雑な語の基体となる。

(10) a. <u>speak</u> ＋ er ＝ speaker
   語根＝基体

   b. <u>speaker</u> ＋ s ＝ speakers
   基体（形態的に複雑な語）

(9), (10)に見られる基体のいずれの段階も形態的に単純か複雑かの違いはあるものの，どちらも自由形態素であることに注意したい。語形成にはこのように自由形態素の基体に接辞を添加しながら複雑な語を形成するのに加えて，自由形態素に自由形態素を組み合わせて作る複合語（compound）の過程がある。ここでは，形態的に複雑な語の特殊な例として，複合語を挙げておくだけにする（複合語のメカニズムについては2.5節を参照）。

(11) a. ill-speak（けなす）
b. loud-speaker（拡声器）
c. English-speaking（英語を話す）

練習問題

1. 次の派生語が語根レベルからどのように形態的に複雑な語になっていくかを示しなさい。
   (a) informationally　　(b) victoriousness　　(c) harmonizer
   (d) unforgettable

2. 形態的に複雑な語というのは，語根の形に接辞が添加したものを指して言うが，次に挙げる不規則な名詞の複数形や動詞の過去形・過去分詞形は形態的に複雑な語と言えるであろうか。
   (a) feet, men　　(b) went, wrote　　(c) gone, written

2.4. 異形態

2.3節で形態的に複雑な語とはどういうものかについて考察した。本節では複数形の形態について検討し，異形態の概念を導入しながら形態的に複雑な語との関連性を見ていく。

語根に複数形（plural）の屈折接辞を添加する過程を抽象的な構造で表

すと (12) のようになり，その複数形の具体的な形として (13) の 4 つのパターンが想定される（φ はゼロの形態素を示す）。

(12)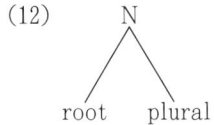

(13)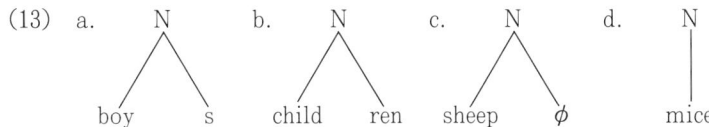

(13a, b, c, d) の複数形はそれぞれ形態が異なるが，(12) に示すように {複数} という形態素を共通に持つので，同じ形態素に属する異なる形態という意味で異形態 (allomorph) と呼ばれる。(13a) は規則的な複数形を表すが，語根の末尾の音声的環境により次の 3 つの発音が可能となる。

(14) / -iz / : 歯擦音 (sibilant) の /s, z, ʃ, ʒ, tʃ, dʒ/ で終る場合 (buses, cheeses, bushes, garages, churches, judges など)

/ -z / : 歯擦音を除く有声音 (voiced sound) で終る場合 (bags, beds, balls, pens, bees など)

/ -s / : 歯擦音を除く無声音 (voiceless sound) で終る場合 (books, tips, months, pets, proofs など)

これらの発音は規則的な複数形だけでなく，三人称単数現在形や所有格の 's (washes, sends, hits, horse's, Tom's, cat's など) にも当てはまり，音韻的に条件づけられている (phonologically conditioned) と言う。一方，(13b, c, d) の不規則な複数形は語根の形態に依存して複数形が作られるので形態的に条件づけられている (morphologically conditioned)

と言う。

　さて，形態的に複雑な語という観点から（13）の異形態を眺めてみると，(13a, b) は複数を表す屈折接辞が具現しているので問題はないが，(13c) の場合，ゼロ形態素を屈折接辞とみなすかどうかによって形態的に単純か複雑かが決定される。Halle (1990: 156-157) によると，(13a, b, c) の右の要素は（12）の{複数}という抽象的な形態素を具体的にスペルアウト（spell-out）したもので，形態的に複雑な語となる。一方，(13d) は mouse から mice に変える再調整規則（readjustment rule）が働き，形態的に単純な語と等価となり，(13a, b, c) と対比される。

練習問題

1. painted, cleaned, missed の -ed は{過去時制}という共通の形態素を持つ異形態である。-ed の発音がどのように音韻的に条件づけられるか説明しなさい。

2. staff の複数形には staffs /stǽfs/ と staves /stéivz/ の二つの形がある。複数形の発音と語根の末尾の音声的環境について述べなさい。

3. 子供のスピーチの中に feets, mices, geeses のような複数形が見られることがある。どのように複数形を作る規則が働いたのか推測してみなさい。

2.5. その他の語の構造

　2.1 節から 2.4 節までは，派生や屈折による派生語と屈折語の構造や仕組みについて述べてきた。本節では，接辞の添加によらない方法で形成される語の構造について紹介する。

　まず，語形成過程の中でも生産性（3.4 節を参照）の高い複合語の形成

を見てみよう。複合語は自由形態素（2.1 節を参照）を 2 つ以上組み合わせて作られる。

(15) a. bathroom ＋ towel rack → bathroom towel rack
　　 b. bathroom towel rack ＋ designer → bathroom towel rack designer
　　 c. bathroom towel rack designer ＋ training → bathroom towel rack designer training（浴室のタオル掛けのデザイナーの養成）　　　　　　　　　　　　　（Selkirk (1982: 15)）

(15) にも見られるように，複合語の表記法として (16a, b, c) の 3 通りがある。

(16) a. towel rack, living room
　　 b. night-club, ape-man
　　 c. bathroom, blackboard

特に厳密な区別があるわけではないが，ハイフン (-) で結合した (16b) の複合語は (16c) の複合語より語彙として確立していない比較的新しい語である。Akmajian et al. (1995: 27) によると，blackboard は以前は black-board と表記されていたようである。しかし，Bauer (1998: 19) は，girl friend (Webster's Third New International Dictionary)，girl-friend (Concise Oxford Dictionary 第七版)，girlfriend (Collins Concise Dictionary of the English Language と Concise Oxford Dictionary 第九版) の 3 つの表記が辞書にあり，3 つとも複合語で意味に違いはないので，3 つとも同じ見出しとして辞書に載せるべきであると指摘する。

　複合語に関して重要なのは，どの表記法が用いられるかよりも句表現と統語的・意味的・音韻的に異なる点である（´マークは第 1 強勢を`マークは第 2 強勢を示す。6.3 節を参照）。(17b, c) より，副詞の very や比較

級の -er は句表現には用いられるが，複合語では用いられないことがわかる（(17c) の複合語が不適格なのは，複合語という派生の中に屈折接辞 (-er) が位置していることに注意。2.2 節を参照）。

(17)　　複合語　　　　　　句表現
　a.　　hót hòuse（温室）　hòt hóuse（暑い家）
　b.　＊very hót hòuse　　very hòt hóuse
　c.　＊hótter hòuse　　　hòtter hóuse

複合語の構造は，Selkirk (1982: 16) によると，(18) の書き換え規則 (rewriting rule) によって生成される。

(18)
$$N \rightarrow \begin{Bmatrix} N \\ A \\ V \\ P \end{Bmatrix} N \qquad A \rightarrow \begin{Bmatrix} N \\ A \\ P \end{Bmatrix} A \qquad V \rightarrow PV$$

(18) の書き換え規則から生成される複合語を 1 例ずつ挙げてみよう。

(19) NN: landlord（地主）, AN: high chair（子供用食事イス）, VN: scarecrow（かかし）, PN: underarm（わきの下）, NA: sky-blue（空色の）, AA: bittersweet（ほろ苦い）, PA: above-mentioned（上記の）, PV: oversee（監視する）

(18) の書き換え規則から生成される複合語のパターンとして，(19) の他に VA, NV, AV, VV があるが，これらの複合語パターンは生成されない。一見すると，NV, AV に見える window-shop や dry-clean は，window-shopping や dry cleaning の NN や AN のパターンから逆成 (back-formation) により生成されたものと考えられる。

複合語形成や逆成以外の語形成過程として省略 (clipping)，頭文字語

（acronym），混成（blending）がある。(20) に省略の例を，(21) に頭文字語の例を，(22) に混成の例を挙げる。

(20) a. bus (omnibus), phone (telephone), plane (airplane), van (caravan)
b. fax (facsimile), lab (laboratory), mike (microphone), photo (photograph)
c. flu (influenza), fridge (refrigerator), Liz (Elizabeth), tec (detective)

(21) a. BBC (British Broadcasting Corporation), PC (personal computer / politically correct), PTA (Parent-Teacher Association)
b. AIDS (Acquired Immune Deficiency Syndrome), DINKS (double income no kids), RAM (random-access memory)

(22) chunnel（海底トンネル）(channel ＋ tunnel), telethon（長時間テレビ番組）(television ＋ marathon), spork（先割れスプーン）(spoon ＋ fork)

(20a) は前部省略，(20b) は後部省略，(20c) は前部・後部省略の例だが，cab と taxi のように taxicab の前部省略と後部省略の両方の省略形が存在するものもある。(21a) の頭文字語はアルファベットを 1 つずつ読んで発音するが，(21b) の頭文字語は 1 つの単語のように発音する。(22) の混成全体の意味は一般的には右側の要素が決定するが（次節，右側主要部の規則を参照），telethon の意味は marathon（長時間の）が形容詞的に television を修飾するので，左側の要素が意味の中心になっていることに注意してほしい。

最後に，ゼロ派生（zero derivation）について言及する。ゼロ派生というのは，形を変えないで品詞が変化する (23) に見られる語形成過程のことを言う。接辞を添加しないが派生と同様に品詞変換や意味変化を起こ

すことからゼロ派生と呼ばれる。

(23) a. bottle（ビンに詰める），hammer（ハンマーで打つ），ink（インクを入れる）
    b. conduct（行為），permit（許可書），report（レポート），walk（散歩）
    c. cool（冷す），empty（からにする），open（開ける），yellow（黄色になる）

　(23a) は名詞から動詞に，(23b) は動詞から名詞に，(23c) は形容詞から動詞にゼロ派生が生じている。(23a) のゼロ派生が (23b) のゼロ派生より生産性が高い。その理由として，動詞から名詞に変換する派生として，-tion, -ment, -age, -er など多くの接尾辞があるのに対し，名詞から動詞に変換する接尾辞が -en, -ify, -ize の3つに限られているので，その穴埋めをするために名詞から動詞のゼロ派生が多くなったと考えられている。(23b) の動詞から名詞のゼロ派生は，condúct→cónduct と permít→pérmit のように，名詞に変換する際に語強勢の位置が変化するものが多く見られる。形容詞から名詞のゼロ派生（例えば，the poor（貧乏人））や前置詞から動詞のゼロ派生（例えば，up the price（価格を上げる））は，少数であるが一般的ではない。

練習問題

1．次の (a)〜(c) の語は省略された語で，(d)〜(f) は頭文字語である。もとの語を書きなさい。
    (a) ad   (b) chimp   (c) hippo   (d) PE   (e) EEC
    (f) UNESCO

2．次の混成語は何と何の混交か考えなさい。

(a) brunch   (b) Oxbridge   (c) ゴジラ   (d) ダスキン
(e) キャベジン

2.6. 右側主要部の規則

2.1節から2.5節まで語はどのように形成されているのか，その内部構造と語形成過程を中心に見てきた。この節では，語の内部の仕組みとして大変興味深い事実の指摘をする Williams (1981) の右側主要部の規則について解説する。

(24) において，形態的に複雑な語の主要部 (head) はその語の右側の要素 (*ion* と *instruct*) であり，全体の品詞 (category) はこの主要部が決定する。Williams (1981: 248) は，これを右側主要部の規則 (Right-hand Head Rule) と呼んだ。

(24)
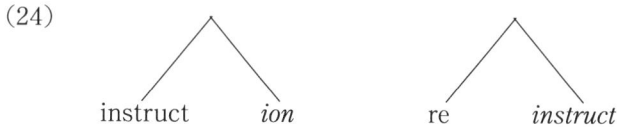

この規則に従うと，(25) の派生語の品詞は右側の接尾辞が決定し，その内部構造は (26) のようになる。

(25) X-ism → N   X-ize → V   X-ish → A
     Marxism   symbolize   bookish
     subjectivism modernize   youngish

(26)
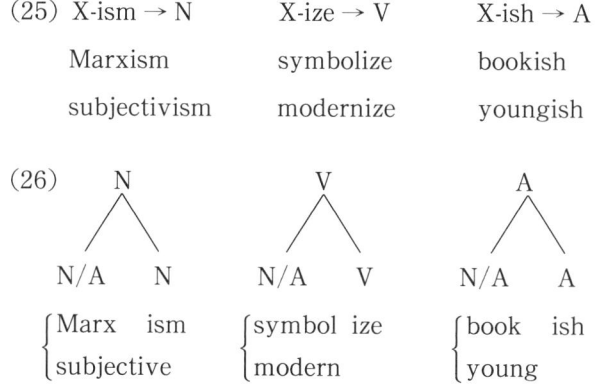

右側主要部の規則は複合語の内部にも働く。

(27)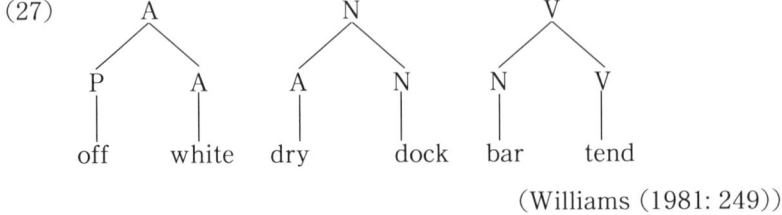

(Williams (1981: 249))

接頭辞は品詞を決定しないが例外として，en- などは左側の要素として全体の品詞を決定する。

(28)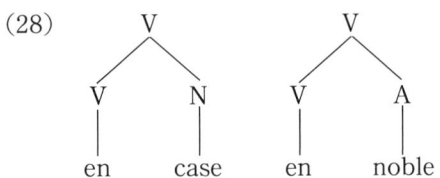

(Williams (1981: 249))

複合語の右側主要部の例外として，push up（腕立て伏せ）や run down（要約）などがある。これらの例は(29)に見られるように主要部が内部に含まれない外心複合語（exocentric compound）となり，主要部が内部に含まれる(27)の内心複合語（endocentric compound）と区別される。

(29)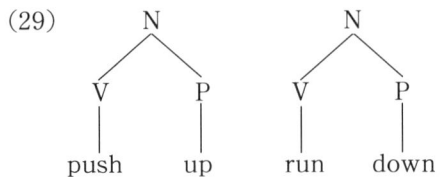

(Williams (1981: 250))

右側主要部の規則は，形態レベルにおける品詞決定を行うものだが，複合語の意味に関する予測もできる可能性がある。Allen (1978: 105) の IS A 条件（IS A Condition）を右側主要部の規則に取り入れて考えるな

ら，右側主要部が意味の決定も関与することになる。例えば，a steam-boat（蒸気船）は boat（船）の一種であることから複合語の右側の要素が意味の決定を行っていることになる。

(30) a. a steam-boat　　IS A boat
　　　b. a night-light　　IS A light
　　　c. a beer-can　　　IS A can
　　　d. a pond-frog　　 IS A frog　　　　　　（Allen (1978: 108)）

複合語の右側主要部が意味の決定を行うとなると，AA 型の複合形容詞や混成の意味を理解する上で役に立つ。例えば，(31a) の複合形容詞と (31b) の混成の意味を正確に捉えてみよう。

(31) a. young-old, old-young
　　　b. tiglon, tigon (tiger ＋ lion), liger (lion ＋ tiger)

(31a) において，young-old の主要部は右側要素の old であり，old-young は young が主要部になる。したがって，young-old の意味は「年をとっているのに若く見える」となり，old-young の意味は「若いのにふけて見える」となる。いずれも意味の中心は右側に来ていることに注意したい。(31b) に関して，大石 (1988: 231) は tiglon, tigon の混成は右側の要素の lion が母親になり，liger は tiger が母親になる違いを指摘するが，意味の中心が「子供を生む対象」によってライオンなりトラになるのは興味深い。

このように意味を捉えることによって右側主要部の原則が，日本語でも同じように複合語や混成語の中心的意味を予測できる点を最後に指摘する。

(32) a. 水鉄砲／鉄砲水，衛星放送／放送衛星，蜂蜜／蜜蜂
　　　b. ママドル（ママ＋アイドル），口コミ（口＋コミュニケーション）

例えば，(32a) において水鉄砲と鉄砲水を比べると，前者は紙鉄砲などと同じ鉄砲の一種で水の一種ではない。一方，後者は大水などと同じ水の一種で鉄砲の一種ではないことがわかる。また，(32b) ではママドルはアイドルの一種でママの一種ではなく，口コミはコミュニケーションの一種で口の一種ではないことがわかる。これらの例から意味の中心は右側の要素であることが理解できる。英語や日本語において右側主要部の規則が当てはまるとなると，この規則は普遍的な (universal) 性格を持つ可能性があるが，タガログ語やベトナム語などの言語では左側主要部となることが指摘されている (並木 (1985, 1992), Lieber (1992), 10.1 節も参照)。

練習問題

1. 次の語の内部構造を描き，右側主要部の規則を使って，全体の品詞を決定しなさい。
   (a) employer (b) classify (c) comfortable (d) counterattack
   (e) unfriendly

2. 次の複合語の意味の違いを右側主要部の規則から予測しなさい。
   (a) dog house と house dog (b) flower garden と garden flower
   (c) race horse と horse race

Appendix I: ラテン語・ギリシャ語起源の接頭辞と接尾辞と基体

ラテン語起源の接頭辞
ante- : *before, in front of* (antecedent (先行詞), anteroom (控えの間) など)
circum- : *around* (circumnavigation (周航), circumstance (状況, 環

境）など）

co-, com-, con- : *together*（coauthor（共著者）, community（共同社会）, contemporary（同じ時代の）など）

contra- : *counter*（contradiction（矛盾）, counterexample（反例）など）

extra-, extro- : *beyond, outside*（extraordinary（異常な）, extrovert（社交家，外向性の）など）

inter- : *between, among* : （international（国際的な）, interstate（各州間の）など）

intra- : *within*（intravenous（静脈内の）, introduce（紹介する，取り入れる）など）

il-, im-, in-, ir- : *done badly, not*（ill-behaved（行儀の悪い）, impossible（不可能な）, independent（独立の，頼らない）, irregular（不規則な）など）

post- : *after, behind*（postdoctoral（博士号取得後の）, postposition（後置詞）など）

pre- : *before*（pre-Christian（キリスト（教）以前の）, prewar（戦前の）など）

re- : *again, back*（reborn（生まれ変った）, reconsider（再考する）など）

retro- : *backward, behind*（retrograde（後退する，逆行する）, retrospect（回想，思い出）など）

sub- : *under, down, secondary*（subconscious（潜在意識の）, subtitle（副題）など）

super- : *above, over*（superheat（過熱する）, superhuman（超人的な）など）

trans- : *across, through*（transatlantic（大西洋横断の）, transparent（透き通った）など）

ultra- : *beyond*（ultramodern（超現代的な）, ultrasound（超音波）など）

ラテン語起源の接尾辞

-able, -ible : *able to, able to be done, suitable for* (acceptable (受諾しうる), likable (好かれる), marriageable (結婚に適した) など)

-acy : *quality of being or having* (accuracy (正確さ), inadequacy (不適切) など)

-ance, -ence : *quality of 〜ing* (endurance (我慢, 忍耐), preference (好み) など)

-ant, -ent : *one who does* (accountant (会計士), agent (代理人, 行為者) など)

-ate : *verbal suffix, possessing, office of* (locate (位置する), adequate (適した, 十分な), senate (上院) など)

-ify : *verbal suffix, to make* (justify (正当化する), personify (擬人化する) など)

-il, -ile : *pertaining to, having the character of* (hostile (敵意のある), civil (市民の) など)

-(i)mony : *quality of, state of* (harmony (調和), testimony (証明, 証言) など)

-ine : *pertaining to* (canine (犬科の), feminine (女性の) など)

-ion : *act of, result of* (completion (完成), production (生産, 成果) など)

-itude : *quality of, state of* (aptitude (適性, 才能), magnitude (大きさ) など)

-(i)ty : *quality of, state of* (morality (道徳), novelty (目新しいこと) など)

-ive : *tending to* (effective (効果的な), relative (相対的な) など)

-ment : *result of, state of* (achievement (達成, 業績), excitement (興奮) など)

-or : *one who does, that which does* (actor（俳優）, tractor（トラクター）など）

-ory : *tending to* (introductory（紹介の）, contradictory（矛盾した）など）

-ous : *full of, having the character of* (advantageous（有利な）, various（様々な）など）

-ure : *act of, result of* (departure（出発）, mixture（混合(物)）など）

ギリシャ語起源の接頭辞

a- : *not, without* (asocial（非社交的な）, atypical（型にはまらない）など）

anti- : *against, opposite* (anti-hero（反英雄）, antipollution（公害反対（の））など）

dia- : *through, across, between* (diameter（直径）, dialogue（対話）など）

hyper- : *over, excessive* (hyperactive（異常に活発な）, hypercriticism（酷評）など）

hypo- : *below* (hypodermic（皮下注射(の)）, hypotension（低血圧(症)）など）

meta- : *after, changed* (metaphysics（形而上学）, metanalysis（異分析）など）

para- : *beside, resembling* (parasite（寄生虫）, paraphrase（言い換え）など）

sym- , syn- : *together, similar* (sympathy（同情，共感）, synchronic（共時的な）など）

ギリシャ語起源の接尾辞

-cracy : *rule by, type of government* (bureaucracy（官僚主義，官僚政

治), democracy（民主主義(国)) など)

-gram : *thing written* (diagram（図表，図形), telegram（電報文) など)

-graph : *writing, drawing* (autograph（自筆), telegraph（電報) など)

-ism : *belief in* (patriotism（愛国心), realism（現実主義) など)

-ist : *one who believes in* (idealist（現実主義者), Methodist（メソジスト教徒) など)

-ize : *verbal suffix, to make* (equalize（平等にする), symbolize（象徴化する) など)

-logy : *science of* (technology（工業技術(学)), zoology（動物学) など)

-mania : *madness about* (dipsomania（アルコール中毒), kleptomania（盗癖) など)

-meter : *measure* (barometer（気圧計，バロメーター), speedmeter（速度計) など)

-nomy : *science of, system of laws governing* (astronomy（天文学), economy（経済) など)

-osis : *diseased condition of* (psychosis（精神病), tuberculosis（結核) など)

-pathy : *treatment of disease of* (hydropathy（水治療法), osteopathy（整骨療法) など)

-scope : *instrument for viewing* (microscope（顕微鏡), telescope（望遠鏡) など)

-sis : *act of* (analysis（分析), diagnosis（診断) など)

ラテン語・ギリシャ語起源の基体

anthrop- : *human* (G) (anthropology（人類学), misanthropy（人間不信) など)

aqua- : *water* (L) (aqualung（アクアラング), aquarium（水族館) など)

cent- : *hundred* (L)（century（100年間），percentage（百分率）など）
cosm- : *universe, order* (G)（cosmology（宇宙論），cosmopolitan（国際人）など）
iso- : *equal* (G)（isobar（等圧線），isomorph（同形体）など）
kilo- : *thousand* (G)（kilogram（キログラム），kilometer（キロメートル）など）
mal- : *bad* (L)（malfunction（機能不全），malnutrition（栄養失調）など）
mega- : *great, million* (G)（megatanker（巨大タンカー），megavolt（100万ボルト）など）
mono- : *one* (G)（monosyllabic（単音節の），monotony（単調）など）
micro- : *very small* (G)（microbiology（微生物学），microscope（顕微鏡）など）
omni- : *all* (L)（omniscience（全知，無限の知識），omnivorous（何でも食べる）など）
pseudo- : *false* (G)（pseudonym（偽名），pseudoscientific（擬似科学の）など）
psych- : *mind* (G)（psychoanalysis（精神分析），psychology（心理学）など）
semi- : *half* (L)（semicircle（半円），semiconductor（半導体）など）

参考文献

和書

窪薗晴夫（1995）『語形成と音韻構造』東京：くろしお出版．［2.5節のFR］
並木崇康（1985）『語形成』（新英文法選書2）東京：大修館書店．［2.5節のFR］
並木崇康（1992）「英語の造語力－日本語との対象－」『日本語学』第11巻 第5号，66-74.
大石強（1988）『形態論』（現代の英語学シリーズ 4）東京：開拓社．［2.5節のFR］

洋書

Akmajian, A., R. A. Demers, A. K. Farmer, and R. M. Harnish (1979, 1995) *Linguistics: An Introduction to Language and Communication.* Cambridge, Mass.: MIT Press.

Allen, Margaret (1978) *Morphological Investigations.* Ph. D. dissertation, University of Connecticut. [2.6節のFR]

Ayers, Donald M. (1986) *English Words from Latin and Greek Elements.* Tucson & London: The University of Arizona Press.

Bauer, Laurie (1983) *English Word-Formation.* Cambridge, UK: Cambridge University Press.

Bauer, Laurie (1998) *Vocabulary.* London and New York: Routledge.

Brown, K. and J. Miller (1991) *Syntax: A Linguistic Introduction to Sentence Structure.* London: HarperCollins Academic. [2.3節のFR]

Chapin, Paul G. (1970) "On Affixation in English." In *Progress in Linguistics,* ed. by M. Bierwisch and K. E. Heidolph, The Hague: Mouton. [2.1節のFR]

Halle, Morris (1973) "Prolegomena to a Theory of Word Formation." *Linguistic Inquiry* 4, 3-16.

Halle, Morris (1990) "An Approach to Morphology." *NELS* 20, 150-184. [2.4節のFR]

Katamba, Francis (1993) *Morphology.* London: Macmillan.

Lieber, Rochelle (1992) *Deconstructing Morphology.* University of Chicago Press. [2.6節のFR]

O'Grady, W. and M. Dobrovosky (1992) *Contemporary Linguistic Analysis I: An Introduction.* (『現代言語学入門 I』千葉修司編注, 東京: 松柏社, 1999.)

Quirk, R., J. Svartvik, S. Greenbaum and G. N. Leech (1972) *A Grammar of Contemporary English.* London: Longman.

Quirk, R., J. Svartvik, S. Greenbaum and G. N. Leech (1985) *A Comprehensive Grammar of the English Language.* London: Longman.

Scalise, Sergio (1988) "Inflection and Derivation." *Linguistics* 26, 561-581. [2.2節のFR]

Selkirk, Elizabeth (1982) *The Syntax of Words.* Cambridge, Mass.: MIT Press. [2.5節のFR]

Williams, Edwin (1981) "On the Notions 'Lexically Related' and 'Head of a Word'." *Linguistic Inquiry* 12, 245-274.

第 3 章　形態論：語形成条件

3.1. 接辞の下位範疇化素性と個別条件

　基体に接辞を添加する際に，その派生が接頭辞化にしろ接尾辞化にしろ，接辞と基体の組み合わせは自由に行われるわけではない。例えば，(1a, b, c) の派生語は許されるが，(1a', b', c') の派生語は許されない。

(1) a.　　unhopeful, unreligious, unnatural
　　a'.　＊unhope, ＊unreligion, ＊unnature
　　b.　　thoughtful, pleasureful, youthful
　　b'.　＊thinkful, ＊pleaseful, ＊youngful
　　c.　　boy-hood, child-hood, sister-hood
　　c'.　＊governor-hood, ＊director-hood

　これは，各接辞が基体に対する位置的な捉え方をするだけではなく，どのような基体の品詞と結びつくかの情報が必要であることを物語っている。例えば，un- には (1a) のように hopeful や religious のような形容詞には添加するが，(1a') のように hope や religion のような名詞には添加しないと言った情報が必要である。形態論では，このような接辞の情報を下位範疇化素性（subcategorization feature）として辞書（Lexicon）の中で指定することにより接辞の基体に対する制限を定めることになる（下線部は接辞が生じる環境を示し，＋はそのような環境に接辞が生じることを意味する）。

(2) a. un-：[＋__A]（(1a) の un-接辞が形容詞に添加することを示す）

    b. -ful: [＋N＿]((1b) の -ful 接辞が名詞に添加することを示す)
    c. -hood: [＋{N/A}＿]((1c) の -hood 接辞が名詞や形容詞 (例えば, likelihood) に添加することを示す)

(2) の接辞の下位範疇化素性は派生語形成における重要な制限の一つであるが, 接辞添加の過程はそれほど単純なものではない。なぜなら, (1c') の派生は (2c) の下位範疇化素性を満たしているにもかかわらず容認されないからである。Katamba (1993: 76) は, -hood は英語本来の語根 (native root) と共起できるがラテン系の語根 (latinate root) とは共起できないと説明している。したがって, 接辞添加の過程は接辞の基体に対する下位範疇化の要請 (これは, すべての接辞に要請される) と同時に, 添加される側の接辞の基体に対する要請 (これは, すべての接辞に要請されない個別の条件) も考慮する必要がある。-hood と同様に, un- や -ful にも添加される側の個別の条件が働く。

(3) a. ＊unill, ＊unsad, ＊unfoolish, ＊unpessimistic
                                                      (Katamba (1993: 79))
    b. ＊griefful, ＊loveful, ＊firmnessful, ＊judgmentful
                                                      (Siegel (1974: 170))

un- はあまり好ましくない否定的な内容を持つ基体と結び付かないという意味制約がある。(3a) の基体を unwell, unhappy, unwise, unoptimistic のように肯定的な内容に変えると, 正しく派生される。-ful の基体は /f/ や /v/ で終わる名詞には添加しないという音韻制約と, 語強勢 (語強勢については, 6.3 節を参照) が語末にない名詞の基体に添加しないという音韻制約がある。章末に, 主要な接辞の下位範疇化素性とその派生語を列挙しておく (品詞を変化させる接頭辞と接尾辞に分類し, 品詞変換後の範疇に従い N タイプ, A タイプ, V タイプ, Adv タイプに分けて列挙する。品詞を変化させない接辞に関しては, 高橋 (1994) を参照)。

第 3 章　形態論：語形成条件

練習問題

1. 次の各単語が容認されない理由を下位範疇化素性の観点から説明しなさい。
    (a) ＊goable   (b) ＊speechment   (c) ＊strengthness
    (d) ＊relaxate

2. un-は否定的な内容を持つ基体と結びつかない個別の意味制約があるが，次の各語はなぜその制約が働かないのかその理由を構造的に考えなさい。
    (a) unhorrified   (b) unspiteful   (c) unenvious
    (d) unhated

3. -ful は下位範疇化素性として名詞の基体を取るが，例外的に動詞の基体に添加するものがある。それはなぜか，語強勢の基体に対する音韻制約を考慮に入れて答えなさい。
    (a) forgetful   (b) resentful   (c) mournful

3.2. レベル順序づけ仮説と枠組み

　Siegel (1974) で最初に提案され，その後 Allen (1978) に引き継がれるレベル順序づけの仮説 (Level Ordering Hypothesis) は，Mohanan (1982), Kiparsky (1982, 1983) により語形成規則と音韻規則を関連づける語彙音韻論 (Lexical Phonology) へと発展する。レベルの代わりに Siegel (1974) ではクラス，Mohanan (1982) では層 (stratum) という表現を用いる点と，語形成部門における階層の違い (例えば，Siegel はクラス 1・2 の二層を，Allen はレベル 1・2・3 の三層を仮定) や屈折を語形成部門に位置づけるか (例えば，Mohanan, Kiparsky の立場)，位置づけないか (例えば，Siegel, Allen) を別にすると，レベル順序づけの仮

説は基本的には生産性の低い不規則な語形成過程から，生産性の高い規則的な語形成過程へと順序づけられる。

本節以降では，具体的に Kiparsky (1982: 5) のレベル順序づけにより，語形成規則と音韻規則がどのように関連するかを見てみよう。

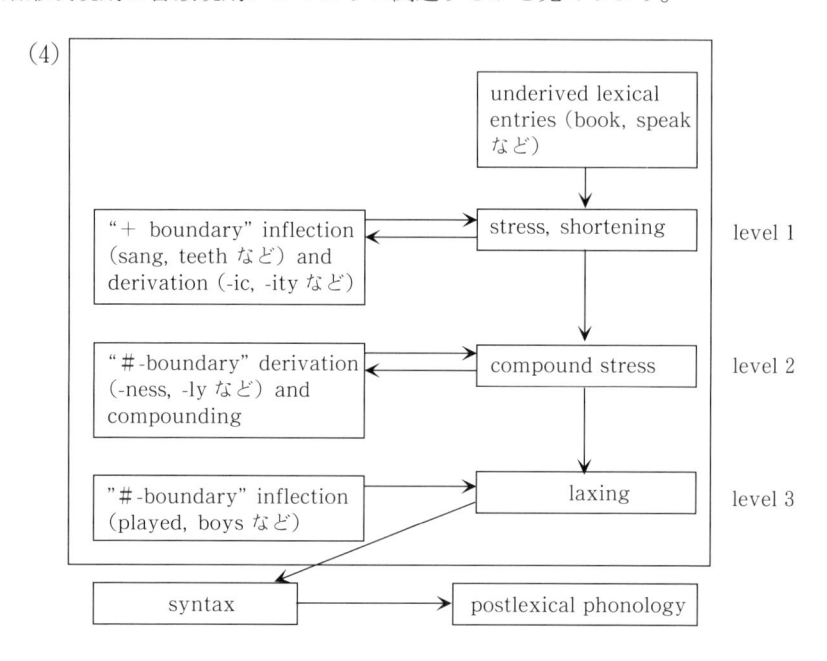

(4)

```
                                    underived lexical
                                    entries (book, speak
                                    など)
                                           │
                                           ▼
    "+ boundary" inflection  ←――→  stress, shortening        level 1
    (sang, teeth など) and
    derivation (-ic, -ity など)
                                           │
                                           ▼
    "#-boundary" derivation  ←――   compound stress           level 2
    (-ness, -ly など) and
    compounding
                                           │
                                           ▼
    "#-boundary" inflection  ――→   laxing                    level 3
    (played, boys など)
                      │
                      ▼
              syntax  ――――――→  postlexical phonology
```

非派生語彙項目（underived lexical entry）は，book, speak, young, well のような単独で語となるものが入り，この段階ではレベル 1, 2, 3 における音韻規則は適用されない。＋境界（boundary）や＃境界は Chomsky and Halle (1968) で提唱された語内部における音声的な切れ目を表し，接辞の基体に対する音韻的影響力の違いを示す。例えば，レベル 1 に位置する -ic, -ity のような接辞と基体の間には＋境界があり，レベル 1 における強勢移動（stress shift）や短母音化（shortening）の音韻規則の適用を受けるのに対し ((5a))，レベル 2 に位置する -ness, -ly のような接辞と基体の間には＃境界があり，それらの音韻規則の適用を受けない ((5b))。

(5) a. démocrat → democrátic (democrat ＋ ic)

extréme [ikstríːm] → extrémity [ikstrémiti] (extreme ＋ ity)

b. sérious → sériousness, sériously (serious ＃ ness), (serious ＃ ly)

extréme → extrémeness [ikstríːmnis] (extreme ＃ ness)

　Kiparsky は屈折に関しても基体に対する音韻的影響が見られるかどうかにより＋境界の屈折と＃境界の屈折があることを指摘する。＋境界の屈折は不規則変化をする動詞（例えば，keep, sing）や不規則複数名詞（例えば，ox, tooth）の屈折形を表し，具体的には（6a）のように変化する。一方，＃境界の屈折は規則変化をする動詞（例えば，like, play）や規則複数名詞（例えば，boy, girl）の屈折形を表し，具体的には（6b）のように変化する。

(6) a. keep → kept (keep ＋ past)

sing → sang (sing ＋ past)

ox → oxen (ox ＋ plural)

tooth → teeth (tooth ＋ plural)

b. like → liked (like ＃ past)

play → played (play ＃ past)

boy → boys (boy ＃ plural)

girl → girls (girl ＃ plural)

　（6a）の kept, sang の母音交替（ablaut）や oxen, 母音変異（umlaut）の teeth は，（5a）の＋境界の派生と同様に基体に及ぼす音韻変化とみなされ，レベル 1 における音韻規則として位置づけられる。一方，（6b）の＃境界の屈折は（5b）の＃境界の派生と同様に基体に音韻変化をもたらさないが，（7b）に見られるように複合語の内部に規則的複数形（s）が生じないことから（5b）の＃境界の派生とは異なるレベル 3 に位置づけら

れる。

(7) a.　teeth marks
　　　　lice-infested
　　b.　*claws marks
　　　　*rats-infested

(Kiparsky (1982 : 9))

　語彙音韻論の捉え方は，レベルに応じて音韻規則が適用されることが重要で，非派生語の nightingale やレベル 2 派生の weariness, mightily が 3 音節でありながら短母音化を受けないのは，この短母音化の音韻規則がレベル 1 の語形成過程に位置づけられるからである（ただし，wilderness [wildərnis] のような例外はある）。

練習問題

1. 次の派生語の接辞はレベル 1 で生成されるのか，それともレベル 2 で生成されるのか。接辞の基体に対する強勢の移動や短母音化の音韻規則の有無を基に説明しなさい。
   (a) child → childhood (b) explain → explanatory
   (c) resident → residential

2. 次の例は (7) の例とは異なって，複合語の内部に複数形の s が生じているように見える。レベル順序づけ仮説に抵触しないためにはどのように複数形の s を仮定するとよいか。
   (a) craftsman (b) groundsman (c) statesman (d) swordsman

3.3. レベル順序づけ仮説とその問題

　3.2節では，レベル順序づけ仮説の骨子となる形態規則と音韻規則の連動性について，その応用を各レベルごとに見てきた。本節では，適格な語が選択される過程において，レベル順序づけ仮説が語形成規則の内在的順序づけ (intrinsic ordering)，すなわち下位範疇化に基づく接辞の順序づけをどの程度まで予測できるかを具体的な派生過程に当てはめて見ていく。また，レベル順序づけの問題として順序づけのパラドックス (level ordering paradox) と過剰生成の問題を指摘する。

(8) a.　Mendelianism, Mongolianism
　　b.　*Mendelismian, *Mongolismian

(Kiparsky (1983: 4))

　(8a)における Mendelianism と Mongolianism の派生が許され，(8b)における *Mendelismian と *Mongolismian の派生が許されないのは，-ian と -ism の接辞が異なるレベルで生成されるからである。その根拠を (9) で見てみよう。

(9) a. Méndel → Mendél＋ian, Móngol → Mongól＋ian
　　b. Méndel → Méndel ＃ism, Móngol → Móngol ＃ism

　-ian は (9a) に見られるように基体 (Mendel) の強勢移動を引き起こすので＋境界接辞となり，レベル1の接辞として生成される。一方，-ism は (9b) に見られるように基体の強勢移動を引き起こさないので＃境界となり，レベル2の接辞として生成される。したがって，-ianism のレベル順序づけはレベル1，レベル2となり順序づけ仮説に違反しないが (＋ian ＃ism)，-ismian のレベル順序づけはレベル2，レベル1となり順序づけ仮説に違反する構造となる (＃ism ＋ian)。正しいレベル順序づけは，レベル2よりレベル1が，レベル3よりレベル2の接辞が先に基体と結合するので，*Mendelismian と *Mongolismian は排除される。た

だし，同じレベルの接辞が継続するレベル順序づけは (10) に見られるように許される（接辞の下の下線部の数字はレベルを表す）。

(10) mongol<u>ian</u> <u>ize</u>, paris<u>ian</u> <u>ize</u>, dissent<u>er</u> <u>ism</u>, booksell<u>er</u> <u>ism</u>
　　　　　　1　　1　　　　1　　1　　　　　2　　2　　　　　　2　　2

(Kiparsky (1983: 4))

このように順序づけ仮説に基づいて派生語の内在的順序づけが決定されるとなると，(11) の派生語は順序づけのパラドックスを生じさせることになる。

(11) a. <u>un</u> grammatical <u>ity</u>,
　　　　2　　　　　　　1　1

　　 b. <u>un</u> friendli <u>er</u>
　　　　2　　　　2　3

(11a) の派生はレベル順序づけに従うなら，grammaticality と unfriendly が形成されたあとに un- と -er の接辞が添加されることになるが，3.1 節で見たように，un- は名詞ではなくて形容詞に添加する下位範疇化素性を持っているので，もし内在的順序づけに従うなら un- が grammatical の形容詞にいったん添加し，ungrammatical を形成したあとに -ity が添加されなくてはならない。また，(11b) の比較級を表す -er の接辞は単音節（例えば，taller, faster）か -y, -ly, -le, -er, -ow で終る 2 音節の形容詞に添加できるが（例えば，happier, earlier, simpler, cleverer, narrower），それ以上の音節を持つ形容詞に添加できないので（例えば，*beautifuler, *famouser），unfriendly に -er が添加すると，この音韻制約に違反することになる。しかし，意味的には [more [not friendly]] になり，むしろ unfriendly に -er が添加したレベル順序づけを正当化することになる。これとは逆に，(11a) の ungrammaticality は "the state of being not grammatical"（文法的でないことの状態）の

第3章 形態論:語形成条件

意味を持ち "not the state of being grammatical"(文法的な状態でないこと)の意味を持たないので内在的順序づけを正当化するが,レベル順序づけを正当化しないことになる。いずれにしても,(11a, b)の派生語に見られる順序づけのパラドックスは意味構造と音韻構造のミスマッチ(mismatch)があるということになり,レベル順序づけ仮説の問題を引き起こす。

レベル順序づけ仮説のもう1つの問題として,過剰生成の問題を取り上げてみよう。高橋 (1992), Takahashi (1992) で,内在的順序づけとレベル順序づけの要請を共に満たしながら,(12)のように派生できない語が多く見られることを指摘した。

(12) *weak$\underline{ness}_2$ $\underline{ful}_2$, *agree$\underline{ment}_2$ $\underline{less}_2$, *darwin$\underline{ism}_2$ $\underline{ed}_2$,

　　*gamb$\underline{ler}_2$ $\underline{some}_2$, *tolerat$\underline{ab}_2$ $\underline{ly}_2$, *old$\underline{ish}_2$ $\underline{ly}_2$, eat$\underline{ab}_2$ $\underline{ly}_2$

(10)の例で見たように,同じレベルの接辞は繰り返し適用が可能であるから,レベル順序づけ仮説に従うと,(12)の各語は正しく派生されるはずである。しかし,(12)の各語はどれも許されない。したがって,(12)の派生が順序づけに従うのになぜ許されないかがレベル順序づけ仮説の過剰生成の問題となって出てくる。(12)を説明するにはレベル順序づけの仮説以外の何らかの制約が必要となってくる(3.1節で見た -ful の語末の基体の語強勢という音韻制約を用いると *weaknessful の派生に関する不適格性は説明できる点に注意してほしい)。

練習問題

1. 次の語の容認性の違いを，レベル順序づけの仮説に基づいて説明しなさい。
   (a)　booksellerism (b) ＊booksellerian (c) unsuccessful
   (d)　＊insuccessful

2. 次の語は順序づけのパラドックスによる派生であることを確かめ，どのように説明すればパラドックスが避けられるか考えなさい。
   (a) desirability (b) nationalistic (c) governmental

3. 4. レベル順序づけ仮説と生産性

3.2 節において，レベル順序づけの仮説は基本的には生産性の低いものから高いものへと順序づけられることを述べたが，本節では生産性 (productivity) の概念とは具体的にどのようなものか，レベル順序づけの中でどのように反映されるのか見てみよう。

Aronoff (1976: 36) は，語の生産性を捉える際に，接辞の基体に対する制限を考慮しなければならないと指摘している。言い換えると，接辞の基体に対する制限が多ければ多いほど生産性が低くなり，少なければ少ないほど生産性が高くなるといえる。例えば，-ness と -ity を比べると，-ity の方が -ness より基体に対する制限が厳しくなる。すなわち，-ity には，(13a) のように 英語本来の語根に添加しない制限があり，(13b) のように continuity, variety を派生するために -ous を切り取らなければならない制限がある（実際のところ，この制限は，curiosity (curious) や preciosity (precious) には働かないので語彙的に支配される (lexically governed; Aronoff (1976: 40))。結果として，レベル 2 の -ness 派生がレベル 1 の -ity 派生より生産性が高くなることが予測される。

(13) a. ＊happity (happiness), ＊kindity (kindness), ＊redity (redness)
b. ＊continuousity, ＊continuosity (continuousness), ＊variousity, ＊variosity (variousness)

別の例として -th と -ness の接辞を比べてみよう。

(14) a. long [lɔ́(:)ŋ] → length [léŋkθ] (?longness [lɔ́(:)ŋnis])
b. ＊tallth (tallness), ＊shortth (shortness)

-th も -ness も形容詞の基体に添加する接辞であるが，(14a) に見られるように -th の基体は音韻的変化をもたらす。一方，-ness の基体にはその変化が見られない。そして，(14b) に見られるように -th はどの形容詞でも基体になるわけではないが，-ness は longness のような阻止が生じる場合を除いて，どの形容詞でも基体になる（longness の容認性の問題は次節の練習問題の 3 で論じる）。結果として，レベル 2 の -ness 派生がレベル 1 の -th 派生より生産性が高くなることが予測される。

このように語の生産性は接辞の基体に対する制限により左右されるが，新しい語や無意味語（nonsense word）に添加できるかどうかということも生産性と関連している。例えば，-able が動詞に添加する非常に生産性の高い接辞と言われるのは，computer（コンピュータで計算する）や zerox（コピーする）のような比較的新しい動詞に -able を添加して computable や zeroxable を容易に派生できるからである。また，glark のような無意味語に -able を添加して glarkable を生み出し，且つその語の意味は「glark され得る」と簡単に推察できることも生産性の一つの要因になっていると思われる（Akmajian *et al.* 1979: 121）。

レベル順序づけの仮説は，生産性の高低とレベルの高低が，ほぼ一致するように体系化されているが（すなわち，レベル 1 よりもレベル 2 が，レベル 2 よりもレベル 3 の語形成過程の生産性が高いということ），個個

の基体の形態的条件（(Aronoff 1983: 166) では語形成パターン（Word Formation Pattern）と呼ぶ）を考慮に入れて，生産性を捉えなければならない。なぜなら，総合的な数としては -ness を用いた派生が -ity を用いた派生より生産性が高いと言えても，個別に見た Xability, Xility の派生は Xableness, Xileness の派生より数の上でまさり，-ness 派生が -ity 派生より生産性が低いということになるからである。また，Xivity と Xiveness の派生を比べた場合，Xiveness の派生の方が辞書的な数は多いが，使用頻度（token frequency）としては Xivity の方が高くなるので生産性はこの観点からも検討の余地が残されている（Aronoff (1983), Anshen and Aronoff (1988), 島村 (1990)）。

練習問題

1. -able の異形として -ible がある。-able 派生と -ible 派生のどちらの生産性が高くなるのか，(a), (b) の語の基体に対する制限を考慮して答えなさい。
   (a) extend　　(b) perceive

2. 次の語を否定にすると in- と un- のどちらかの接頭辞がその基体に付く。in- 派生と un- 派生ではどちらの生産性が高くなるのか。基体に対する制限に加えて in-, un- の接辞自体の制限も考慮に入れて答えなさい。
   (a) famous　　(b) natural　　(c) possible　　(d) regular
   (e) moral

3.5. レベル順序づけ仮説と阻止

　Aronoff (1976: 43) によると，阻止（blocking）の現象は語形成において派生された語がすでに同じ意味を持つ別の語によって排除されることを言う。

(15)

Xous	Nominal	+ity	#ness
various		variety	variousness
curious		curiosity	curiousness
glorious	glory	*gloriosity	gloriousness
furious	fury	*furiosity	furiousness

　例えば，(15)において gloriosity, furiosity の派生が排除されるのは glory, fury の非派生語名詞が辞書の中に存在するからである。一方，variety, curiosity の派生が排除されないのはそのような名詞が辞書の中に存在しないからである。次に，(4)のレベル順序づけの枠組みの中で阻止がどのように働くか見てみよう。

　Kiparsky (1982) は，阻止により同じレベルかそれより前のレベルの派生語や屈折語の存在によってあとのレベルの派生語や屈折語が排除されると仮定する。例えば，レベル1で生成する oxen, feet の不規則複数形の屈折語がレベル3の *oxes, *foots の規則複数形の屈折語を阻止する。同様に，レベル1で生成する rode, wrote の不規則動詞過去形の屈折語がレベル3の *rided, *writed の規則動詞過去形の屈折語を阻止する。

　派生語間の阻止もレベルの早いものがあとのレベルの派生を阻止する。例えば，レベル1で生成する accountant, participant の派生語がレベル2における *accounter, *participater の派生語を阻止する。同様に，レベル1で動詞から名詞にゼロ派生（ゼロ派生については 2.5 節を参照）を適用して生成する guide, spy の派生語がレベル2における *guider, *spier の派生を阻止する。ただし，レベル1で生成された派生語と異なる意味を持つ場合には，レベル2における -er 派生は阻止を受けない。

(16) cook (person, 料理人): cooker (device, 鍋)
　　　drill (device, ドリル): driller (person, ドリルで穴を開ける人)
　　　stimulant (substance, 刺激剤): stimulator (device, 刺激を与えるもの（道具）; person, 刺激を与える人) (Kiparsky (1982: 7))

次に，同じレベルで派生語どうしがぶつかって阻止が生じる場合を見てみよう。

(17) a. to pressure（圧力をかける），to proposition（計画を提案する），to engineer（技師として働く）
b. *to singer, *to promptness, *to sisterhood

(Kiparsky (1982: 12))

(17a, b) の例は，どちらも to 不定詞を伴うので，名詞から動詞へのゼロ派生が生じたものと仮定される。Kiparsky は名詞から動詞のゼロ派生をレベル2に位置づけている。したがって，(17a) が許されるのは，レベル1接辞（-ure, -tion, -eer, -al, -ous）を添加して形成される派生名詞のあとにレベル2のゼロ派生が適用される結果，レベル順序づけ違反にならないからである。一方，(17b) が許されないのは，レベル2接辞（-er, -ness, -hood, -ment, -able）を添加して形成される派生名詞からのゼロ派生となり，同じレベル2において，派生名詞とゼロ派生動詞の派生語がぶつかることによる。Kiparsky (1982: 13) は，(17b) の派生を排除するために同じレベルで接辞化された形（X）にゼロ派生（φ）は適用できないという (18) の制約を仮定する。

(18) *] X] φ]

(18) の制約は，接尾辞化された形（suffixed forms）にゼロ接尾辞（zero suffixes）が添加できないという線形的順序が重要で，Kiparsky (1982: 13) によると同じレベルで派生語どうしがぶつかる場合でも，ゼロ派生のあとに接辞化を行うこと（すなわち，] φ］ X]）は可能になると説明している。

(19) a. [[[contract]$_V$φ]$_N$ual]$_A$, [[[murder]$_V$φ]$_N$ous]$_A$

(レベル1)

b. [[[place]$_N$$\phi$]$_V$ ment]$_N$, [[[commission]$_N$$\phi$]$_V$ able]$_A$

(レベル2)

　Kiparskyの分析は，レベル順序づけの観点から多くの阻止現象を体系的に説明できる点において記述的妥当性（descriptive adequacy）はあると思われるが，なぜ，同じレベルにおいて（17b）の場合は阻止が働き，(19a, b) の場合は阻止が働かないのか，また，(15) において -ity 派生が -ness 派生を阻止しないのに，なぜ (20) の -ity 派生は -ness 派生を阻止するのか問題である。特に，後者の問題は，-ness 派生を辞書の中に記載すべきかどうかということに関連するので，生産性の観点からも検討し直す必要があるであろう（Aronoff (1976), 島村 (1990))。

(20)　　sincerity / ＊sincereness, ability / ＊ableness, tranquility / ＊tranquilness, senility / ＊senileness, futility / ＊futileness, regularity / ＊regularness　　　　(Gruber (1976: 347-8))

練習問題

1. (15) と (20) における -ness 派生の容認性の違いを，(4) のレベル順序づけの枠組みに基づく阻止現象として捉えるとどのような説明が可能か。

2. representer（代表者）や corresponder（通信者）の派生語が生じないのはなぜか。阻止の観点から説明しなさい。

3. longness と youngness の派生は，length と youth が存在するので阻止されると言われている。しかし，実際は，youngness の派生の方が longness の派生より容認性が高くなる。length と youth の意味を考慮に入れて，その根拠を推察しなさい。

Appendix II：下位範疇化素性

品詞を変化させる接頭辞
Aタイプ
a-：[＋__{N/V}]（afire（燃えている），ablow（風が吹いて）など）

Vタイプ
be-, dis-, en-, out-：[＋__{N/A/V}]（bemedal（勲章を飾り付ける），befoul（汚す），bemoan（悲しむ）; disbar（弁護士の資格を奪う），disable（無能力にする），disappear（消える）; endanger（危険にさらす），enlarge（拡大する，大きくなる），enwrap（包む）; outdistance（勝つ），outsmart（負かす），outgo（〜にまさる，より早く行く）など）

de-, un-：[＋__{N/V}]（defrost（霜を除去する），depopulate（人口が減少する）; unman（勇気をなくさせる），uncover（ふたを取る，暴露する）など）

Advタイプ
a-：[＋__{N/A}]（aflame（燃えて），aloud（声を出して）など）

品詞を変化させる接尾辞
Nタイプ
-(a)cy, -age, -er, -(e)ry：[＋{N/A/V}__]（presidency（大統領の地位），bankruptcy（破産状態），advocacy（支持）; baggage（小荷物），shortage（不足），marriage（結婚）; Londoner（ロンドン子），foreigner（外国人），writer（作家）; jewelry（宝石類），bravery（勇敢さ），cookery（料理法）など）

-dom, -hood, -ism, -ist, -ship, -ster：[＋{N/A}__]（kingdom（王国），freedom（自由）; boyhood（少年期），falsehood（虚偽）; Marxism（マ

ルクス主義), subjectivism（主観主義); journalist（ジャーナリスト), socialist（社会主義者); scholarship（奨学金), hardship（苦難); songster（歌手), oldster（老人) など)

-ee：[＋{N/V} ＿]（townee（町の住民), payee（受取人) など)

-ance, -th：[＋{A/V} ＿]（significance（意味，重要性), avoidance（回避); warmth（暖かさ), growth（成長) など)

-ness, -ity：[＋A ＿]（usefulness（有効性); mentality（知性) など)

-al, -ant, -(a)tion, -ing, -ment, -ure：[＋V ＿]（arrival（到着); assistant（助手); organization（組織); reading（読書); movement（移動，動作); creature（生き物) など)

Aタイプ

-ish, -y：[＋{N/A/V} ＿]（bookish（学者ぶった), youngish（どちらかというと若い), snappish（がみがみ言う，噛みつく癖のある); sandy（砂の), crispy（パリパリした), choos(e)y（好みのうるさい) など)

-ly, -some：[＋{N/A} ＿]（womanly（女らしい), poorly（病身の); troublesome（やっかいな), darksome（薄暗い) など)

-able, -(a)(t)ive, -ful, -less：[＋{N/V} ＿]（peaceable（平和を好む), desirable（望ましい); instinctive（本能的な), talkative（おしゃべりな); successful（成功した), forgetful（忘れっぽい); homeless（家のない), tireless（疲れない) など)

-al, -ate, -ed, -en, -esque, -ic, -like, -ous：[＋N ＿]（governmental（政府の); propotionate（比例した); cultured（教養のある); wooden（木製の); picturesque（絵のように美しい); alcoholic（アルコールの); warlike（戦争の，好戦的な); industrious（勤勉な) など)

Vタイプ

-en, -ify, -ize：[＋{N/A} ＿] (heighten（高める，高くなる），darken（暗くする，暗くなる）; beautify（美しくする），simplify（～を単純にする）; theorize（～であると理論づける，理論を立てる），modernize（～を近代化する，近代的になる）など)

-ate, -eer：[＋ N ＿] (originate（始める，始まる）; mountaineer（登山する）など)

Advタイプ

-ly：[＋ A ＿] (quickly（速く，すぐに），greatly（大いに，偉大に）など)

参考文献

和書

島村礼子 (1981)「ゼロ派生語について」『津田塾大学紀要』第13号, 215-230.

島村礼子 (1990)『英語の語形成とその生産性』東京：リーベル出版.［3.4節, 3.5節のFR］

高橋勝忠 (1992)「語形成における名詞範疇条件」『英文学論叢（京都女子大学英文学会)』第35号, 53-75.［3.3節のFR］

高橋勝忠 (1994)「英語の派生語形成に見られる一般性」『ことばの音と形（枡矢好弘教授還暦記念論文集刊行会編)』東京：こびあん書房.

洋書

Akmajian, A., R. A. Demers, A. K. Farmer, and R. M. Harnish (1979, 1995) *Linguistics: An Introduction to Language and Communication.* Cambridge, Mass.: MIT Press.

Allen, Margaret (1978) *Morphological Investigations.* Ph. D. dissertation, University of Connecticut.

Anshen, F. and M. Aronoff (1988) "Producing Morphologically Complex Words." *Linguistics* 26, 641-655.［3.4節のFR］

Aronoff, Mark (1976) *Word Formation in Generative Grammar.* Cambridge, Mass.: MIT Press.［3.4節, 3.5節のFR］

Aronoff, Mark (1983) "Potential Words, Actual Words, Productivity and Frequency." In *Proceedings of the 13th International Congress of Linguistics.*（東京: 1982）［3.4節のFR］

Chomsky, N. and M. Halle (1968) *The Sound Pattern of English.* New York: Harper & Row.

Gruber, Jeffrey (1976) *Lexical Structures in Syntax and Semantics.* Amsterdam: North-Holland.

Katamba, Francis (1993) *Morphology.* London: Macmillan.

Kiparsky, Paul (1982) "Lexical Morphology and Phonology." In *Linguistics in the Morning Calm,* ed. by I. S. Yang, Seoul: Hanshin. [3.2 節, 3.5 節の FR]

Kiparsky, Paul (1983) "Word-Formation and the Lexicon." In *Proceedings of the 1982 Mid-America Linguistics Conference,* ed. by F. Ingemann, University of Kansas. [3.2 節, 3.3 節の FR]

Lieber, Rochelle (1980) *On the Organization of the Lexicon.* Ph. D. dissertation, MIT. [3.1 節の FR]

Mohanan, Karuvannur P. (1982) *Lexical Phonology.* Ph. D. dissertation, MIT. [3.2 節の FR]

Pesetsky, David (1985) "Morphology and Logical Form." *Linguistic Inquiry* 16, 193-245. [3.1 節, 3.3 節の FR]

Selkirk, Elizabeth (1982) *The Syntax of Words.* Cambridge Mass.: MIT Press. [3.1 節の FR]

Siegel, Dorothy (1974) *Topics in English Morphology.* Ph. D. dissertation, MIT. [3.1 節の FR]

Takahashi, Katsutada (1992) "Adjective Category Condition in Word Formation." *Proceedings of the 5th Summer Conference 1991 Tokyo Linguistics Forum.* (*TLF* 5), 181-194. [3.3 節の FR]

第4章　統語論：文の構造

4.1. 文の構成要素

　単語は文を構成しているが，文は単語が直線上に並んでいるだけではない。英語が理解できている人なら，(1) では My friend in Kyoto と Italian food がそれぞれまとまりを成していることがわかるだろう。そのまとまりの境界線を斜線で表すと，(2) のようになる。

(1) My friend in Kyoto likes Italian food.
　　（京都にいる私の友達はイタリア料理が好きだ）
(2) My friend in Kyoto / likes / Italian food.

これに対して，(3) のような斜線の入れ方をしてみると，どうだろうか。

(3) My friend in / Kyoto likes Italian / food.

　(3) によると，Kyoto likes Italian というまとまりがあって，その前後に My friend in と food が来ている，ということになる。このような区切り方は直感に合わないし，文の意味を考えてみると，その不自然さがはっきりするだろう。
　文には目に見えない境界線のようなものがある。その境界線はどこにでも自由に存在するというのではない。ある決まりに従って一定の場所にある。だから，(2) の区切り方は自然に感じられるが，(3) の区切り方は不自然に感じられるのである。
　文の最小の構成素（constituent）は単語，最大の構成素は文それ自体である。さらに，その中間に句（phrase）と呼ばれる中間の構成素がある。

(2) で示した斜線は句の存在を示しているのである。

文の構造を考えていく上で重要なことが2つある。単語間の結びつきと範疇（category）である。あとで述べるように，単語の結びつき，つまり文の構造は木の枝のような図を用いて図式化することができる。

範疇とは学校英文法で品詞（parts of speech）と呼んでいたものに相当する。範疇の種類をここでまとめておこう。範疇は大きく分けると2種類ある。一つは語彙範疇（lexical category），もう一つは機能範疇（functional category）である（Chomsky (1986: 2) を参照）。語彙範疇の代表は名詞，動詞，形容詞，前置詞の4つの範疇で，文を構成する主要な要素となる。機能範疇の代表は屈折と補文標識である。これ以外にも(6) に示した範疇がある。

(4) 語彙範疇

    a. 名詞（noun, N と略）：

      book, computer, cat, water, word, mind など

    b. 動詞（verb, V と略）：

      be, look, seem, give, kick, think など

    c. 形容詞（adjective, A と略）：

      big, old, clean, afraid, careless, helpful など

    d. 前置詞（preposition, P と略）：

      at, by, in, on, for, since, between など

    e. 副詞（adverb, Adv と略）

(5) 機能範疇

    a. 屈折（inflection, I と略）：

      （動詞と共に生じるので独立した語はない）

    b. 補文標識（complementizer, C と略）：

      that（従属節を導く接続詞），for（to 不定詞が後続する），whether など

(6) a. 決定詞（determiner, Det と略）[冠詞など]
    b. 接続詞（conjunction, conj と略）

ある範疇が中心となって構成するまとまりを句と呼ぶ。(7) に示したように、句の名称はその中心となる語の範疇によって決まる。

(7) a. 名詞が中心となる句　　→　名詞句（noun phrase, NP と略）
    b. 動詞が中心となる句　　→　動詞句（verb phrase, VP と略）
    c. 形容詞が中心となる句　→　形容詞句（adjective phrase, AP と略）
    d. 前置詞が中心となる句　→　前置詞句（prepositional phrase, PP と略）
    e. 屈折が中心となる句　　→　屈折句（inflection phrase, IP と略）
    f. 補文標識が中心となる句→　補文標識句（complementizer phrase, CP と略）
    g. 副詞が中心となる句　　→　副詞句（adverbial phrase, AdvP と略）

練習問題

1. 次の省略記号が表す範疇と句の名称を述べなさい。
   (a) N, NP　　(b) A, AP　　(c) P, PP　　(d) V, VP

2. 次の単語の範疇名を省略記号で書きなさい。
   (a) destroy　(b) clean　(c) in　(d) for　(e) water
   (f) like　(g) Italian　(h) food

4.2. 構造とあいまい性

　形式的には単一の表現であるのに，2つ（あるいはそれ以上）の意味を持つ表現がある。この場合，その表現はあいまい（ambiguous）であると言う（7.1 節を参照）。ただ，あいまいだからといってその表現が不自然な表現であるということではない。

　例えば，(8)の much hotter coffee は「ずっと（より）熱いコーヒー」と「大量の（より）熱いコーヒー」という2つの意味を持つあいまいな表現である。

(8) I want *much hotter coffee.*

　あいまいな表現が持つ複数の意味は，構成する単語の結びつきと範疇に着目することで説明できる。(8)が「ずっと（より）熱いコーヒー」という意味の場合は，副詞 much が比較級形容詞 hotter を修飾してまとまりを成している。そして，そのまとまりが名詞 coffee を修飾し，「ずっと（より）熱い」＋「コーヒー」という意味になる。一方，「大量の（より）熱いコーヒー」の場合は，hotter が coffee を修飾してまとまりを成している。それを形容詞 much が修飾し，「大量の」＋「（より）熱いコーヒー」という意味となる。

　「ある要素とある要素がまとまりを成す」ということを図式化してみよう。例えば，(9)では要素Aと要素Bが結びついて，さらに大きな要素Cを形成している。

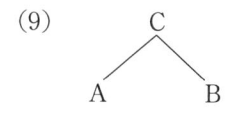

(9)　　　　C
　　　 ／＼
　　　A　　B

すると，(8)が持つ2つの意味は次のように表すことができる。

(10) a.「ずっと（より）熱いコーヒー」　b.「大量の（より）熱いコーヒー」

much hotter coffee　　　　　much hotter coffee

　すでに指摘したように，あいまい性を説明するには範疇も重要である。例えば，much の範疇は（10a）と（10b）では異なる。また，4.1 節で述べたように，ある範疇が中心となって形成するまとまりは句である。この表現で中心となる単語は名詞なので，全体では NP（名詞句）を形成している。したがって，（10a, b）はそれぞれ（11a, b）となる。

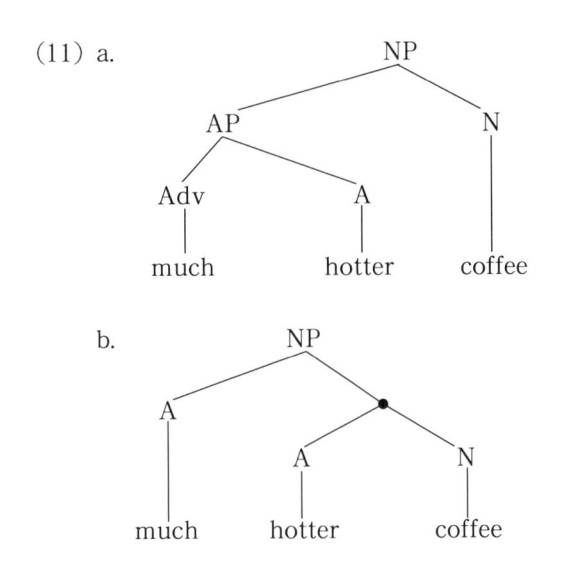

(11) a.
```
          NP
        /    \
       AP     N
      /  \    |
    Adv   A   |
     |    |   |
    much hotter coffee
```

b.
```
           NP
         /  |  \
        A   A   N
        |   |   |
      much hotter coffee
```

　(11a) では，副詞 much が hotter を修飾し，AP（形容詞句）を成している。それが名詞 coffee を修飾している。よって，「ずっと（より）熱い」＋「コーヒー」という意味になる。一方，(11b) では，hotter が coffee を修飾し，まとまりを成している。それを形容詞 much が修飾している。よって，「大量の」＋「（より）熱いコーヒー」という意味になる。

　(11) の図は木の枝と似ているので，樹形図（tree diagram）と呼ばれ

ている。また，各々の枝の端を節点（node）という。

練習問題

1. 次の表現の意味をそれぞれ 2 つずつ述べなさい。
   (a) a small girls' school（第 7 章の (2) を参照）
   (b) old books and computers

2. 上の問題で指摘した複数の意味も単語の結びつき方に着目して説明できる。どのような結びつきなのか述べ，それをもとに樹形図を描きなさい。

4.3. 句構造と X バー理論

　名詞，動詞，形容詞，前置詞の 4 つの語彙範疇が中心となって構成する句について考察してみよう。まず，(12) の例では，下線部が中心となる単語である。

(12) a. NP（名詞句）：

　　　his sister's resemblance to the actress

　　b. VP（動詞句）：

　　　earnestly study the Italian language

　　c. AP（形容詞句）：

　　　very afraid of big dogs

　　d. PP（前置詞句）：

　　　just across the street

　例えば，(12a) を樹形図で表してみると，次のようになると考えられる（句の内部構造を省略するときは △ 印を用いる）。

(13)

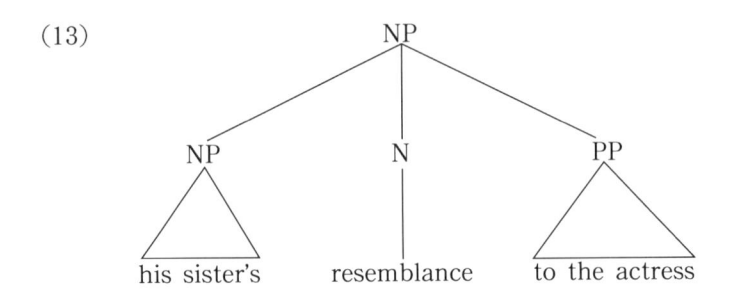

```
              NP
           /  |  \
         NP   N   PP
         /\   |   /\
    his sister's resemblance  to the actress
```

　(13) のように，三つまたの枝分かれをしている樹形図では，前後の NP と PP が中心語と同じ強さで結びついている，ということになる。しかし，様々な研究を通して，中心語とその後ろの要素との結びつきの方が，前の要素と中心語の結びつき方よりも強いということがわかっている (Chomsky (1986: 3) を参照)。これを樹形図で表すと，まず，中心語と後ろの要素が結びつき，それがまとまりを成して，前にある要素と結びついて句を形成することになる。すると，(13) は (14) のように書き改めなければならない。

(14)

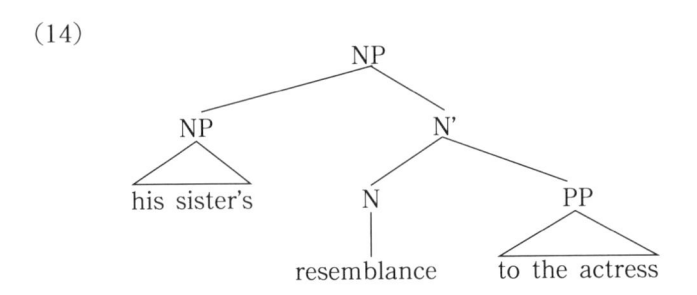

```
           NP
          /  \
        NP    N'
        /\   /  \
  his sister's  N   PP
              |    /\
         resemblance  to the actress
```

　N' という節点は，中心となる単語とその後ろの要素が結びついて形成しているまとまりを表している。これは何かの表現として文中に現れるようなことはないが，要素間の結びつきの強弱を表すために必要とされるものである。

　すると，(12b, c, d) の樹形図はそれぞれ次のようになる。

(15) a.

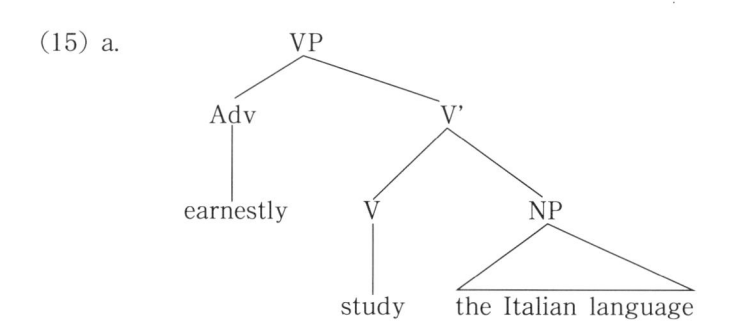

```
        VP
       /  \
     Adv   V'
      |   /  \
  earnestly V  NP
            |   △
          study the Italian language
```

b.

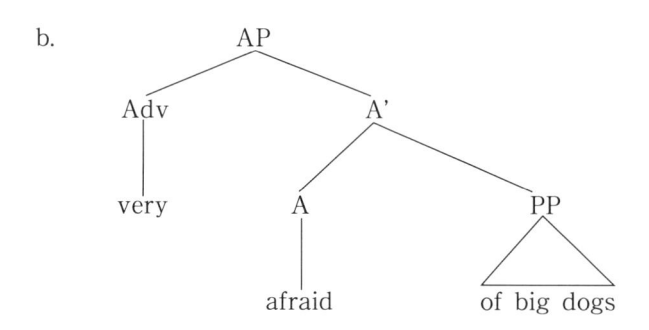

```
        AP
       /  \
     Adv   A'
      |   /  \
    very  A   PP
          |    △
        afraid of big dogs
```

c.

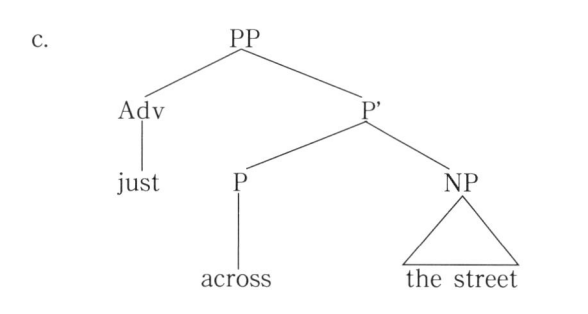

```
        PP
       /  \
     Adv   P'
      |   /  \
    just  P   NP
          |    △
        across the street
```

　(14) と (15) からわかるように，語彙範疇の句の構造は同じような骨組みを成している。つまり，範疇名は異なっても，句の構造は共通しているのである。句構造の共通部分をまとめて，一般化した理論は X バー理論 (X-bar theory) と呼ばれている (Chomsky (1970: 210), Jackendoff (1977: 14))。

　(14) と (15) に示した構造の共通部分を抜き出してみると，(16) の

ようになる。

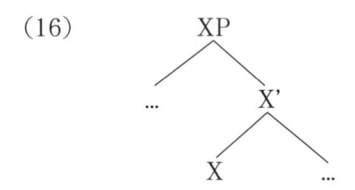

(16)
```
         XP
        /  \
       …    X'
           /  \
          X    …
```

Xには，N, V, A, Pのいずれかが来る。例えば，XにVが入れば，(17)のようにVPの構造を表す樹形図となる。

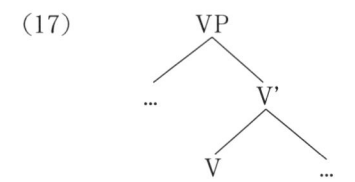

(17)
```
         VP
        /  \
       …    V'
           /  \
          V    …
```

(16)で，XP（= X Phrase）は句を表し，XはXPの中心となる部分で主要部（head）と呼ばれる。Xの右側の … 部分は補部（complement），左側の … 部分は指定部（specifier）と呼ばれる。(18)の構造は(19)の式から導くこともできる。

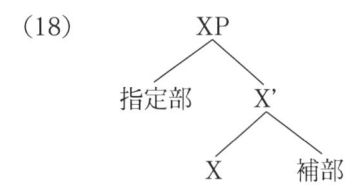

(18)
```
            XP
           /  \
       指定部   X'
              /  \
             X    補部
```

(19) a. XP → 指定部　X'
　　　b. X' → X　補部

(19a)は，XPは指定部とX'から成り立っているということを表し，(19b)は，X'はXと補部から成り立っているということを表している。

(16)や(18)は，Xが上の方へ広がっていき，XPを形成していると

見ることができる。そこで、この広がりは投射（projection）と呼ばれている。投射の出発点は主要部 X で、一番小さい投射なので最小投射（minimal projection），XP は一番大きな投射なので最大投射（maximal projection）と呼ばれることもある。また，X' は中間投射（intermediate projection）とも呼ばれる。

X という記号を用いたり，かつては，「′, ″」といったプライム記号（prime）の代りに横線（バー）を用いてたことから，X バー理論（$\overline{\text{X}}$ theory）という名称が生まれた。

(18)は句構造の共通部分を表しているだけでなく，(20)の句の特性をも示している（Chomsky (1995: 52-53), Kayne (1994: 3-12)を参照）。

(20) a.　句の範疇はその主要部の範疇によって決まる。このような句と主要部の関係を内心性（endocentricity）という。例えば，主要部が N なのに，その句が VP になるということは無い。必ず NP になる。

　　 b.　句の中には上下関係，つまり，階層（hierarchy）がある。例えば，指定部は補部より高い位置にある。しかし，指定部と X'，主要部と補部は同じ高さにある。上位の節点は下に従える節点を支配する（dominate）という。

　　 c.　句の構造は語順も表している。例えば，指定部は必ず主要部より前に来る。また，主要部は補部より前に来る。したがって，指定部は補部より前に来る。語順が変わる場合もあるが，それは次章で考察するように移動（movement）が生じる場合である。

指定部や補部にはどのような要素が現れるのであろうか。これまでの研究からこれらの位置にも句が現れるということがわかっている。すると，例えば，(18)の補部に別の句が現れることになる。さらに，その句の補部にも別の句が現れる，という具合に繰り返し句が現れることになる。もちろん，

これは指定部にも当てはまることである。言語表現は限りなく長く作れるが，その理由は句構造が繰り返して現れる，という点にあると言えよう。

さて，樹形図は紙面を使うので，構造を描くのに［ ］を用いて紙面を節約することも多い。例えば，(18) は (21) のように表すこともできる。これに従うと，(14) は (22) のようになる。

(21) [$_{XP}$ 指定部 [$_{X'}$ X 補部]]

(22) [$_{NP}$ [$_{NP}$ his sister's] [$_{N'}$ [$_{N}$ resemblance] [$_{PP}$ to the actress]]]

最後に，(23) の from France は句構造のどの位置にあるのか考えてみよう。

(23) the king of England *from France*
　　　（フランス出身のイギリスの王）

この PP の位置を確保するためには，(24) に示したように，N' のような既存の投射を繰り返すことが必要である。そのような構造は付加構造（adjunction structure）と呼ばれ，from France のような付加構造を形成する要素は付加詞（adjunct）と呼ばれる（10.3 節で考察するように，付加構造は移動が生じて形成されることもある）。

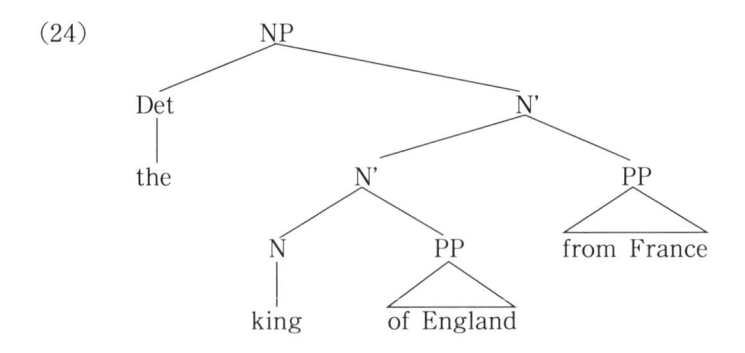

(24)
```
              NP
            /    \
          Det     N'
           |     /  \
          the  N'    PP
              /  \   /\
             N   PP from France
             |   /\
           king of England
```

(24) において，句ではない Det が指定部に現れていることに注意されたい。(25) に示したように，Det も決定詞句（determiner phrase, DP

と略）を形成すると考えられるが，樹形図が複雑になるのを避けるために，本書では (24) のような描き方をする（Abney (1987) を参照）。

(25) [$_{DP}$ ... [$_{D'}$ [$_D$ the] [$_{NP}$ king of England from France]]]

練習問題

1. 次の句の主要部に下線を引き，その範疇名を述べなさい。
    (a) my teacher's book on English linguistics
    (b) seriously consider a plan
    (c) very happy for you
    (d) right after me
    (e) secretly put a letter in the bag

2. 本文の説明を参考にしながら，上の例の樹形図を描きなさい。

3. (16) の … 部分には何らかの要素が必ずあるとは限らない。そこで，次の例の下線部は樹形図でどのように表したらよいか考えてみよう。
    (a) I read English magazines. （VP に指定部が無い場合）
    (b) We like Jane's car. （NP に補部が無い場合）
    (c) I'm sleepy. （AP に指定部も補部も無い場合）

4.4. 句構造の応用

学校英文法で教えているように，英語の文は主部と述部から成り立っている。これを (26) の式で表すことができる。例えば，(1) では，My friend in Kyoto が主部，それに続く likes Italian food が述部となる。

(26) 文 ＝ 主部 ＋ 述部

  Cf. My friend in Kyoto likes Italian food.
     主部   述部

ここで，主部と述部の範疇に着目してみると，主部は名詞句，述部は動詞句であることがわかる。前者では friend が主要部，後者では likes が主要部となっている。そこで，(26) を (27) に書き直すことができる。

(27) 文 ＝ 名詞句 ＋ 動詞句

　文をS（＝ sentence）として表し，句の省略記号を使うと，(27) はさらに (28) の式に書き直すことができる。(28) はSは NP と VP から成り立っている，ということを表している。これをもとに (29) の樹形図を描くことができる。

(28) S → NP VP

(29)
```
              S
             / \
           NP   VP
          /|\   /\
My friend in Kyoto  likes Italian food
```

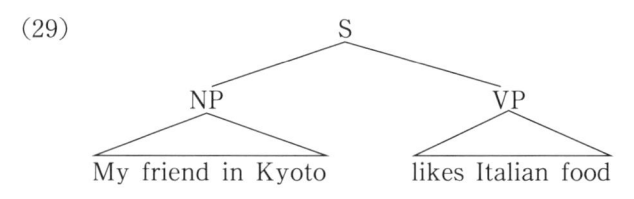

　実際に，英語の文構造が (28) や (29) のように考えられていた時期があった。しかし，前節で見たXバー理論によると，この構造分析には次のような問題がある。

(30) a. S というのは範疇名ではない。
　　　b. この構造には主要部が無い。
　　　c. NP と VP は指定部でも補部でもない。

　結局，(28) や (29) が持つ問題は，この構造が句構造の基本形式 (18) と異なっていることに起因している。この問題を解決するために，(18) の句構造分析が文構造にも当てはまると考えてみよう。つまり，文を句として見なすのである。具体的には次の (31) の考えを取り入れることにする（Chomsky (1986: 3) を参照）。

(31) 文は（機能範疇の）屈折が主要部である屈折句（inflection phrase, IP と略）である。

すると，(28) と (29) はそれぞれ次のように書き直されることになる。特に，X が I になることに注意されたい。

(32) IP → NP　I'
　　 I' → I　VP

(33)
```
              IP
             /  \
           NP    I'
            |    / \
 My friend in Kyoto  I   VP
                         |
                  likes Italian food
```

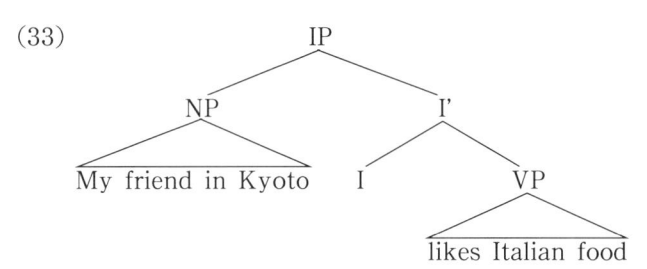

すると，(30) に挙げた問題はそれぞれ (34) のように解決される。

(34) a. S は IP なので，屈折という機能範疇の句である。
　　 b. S は IP なので，I が主要部である。
　　 c. NP は指定部に，VP は補部にある。

主要部 I は時制素性（tense feature）と一致素性（agreement feature）とから成り立っている（Pollock (1989: 365), Chomsky (1995: 119-120) を参照）。まず，時制素性であるが，これには，時制の有無を表す素性 [±tense] と過去時制かそうでないかを示す [±past] という素性の 2 種類がある。これらの素性は次のような時制を表す。

(35) a. [+tense, +past] → 過去時制（[+t, +p] と略）
　　 b. [+tense, −past] → 例えば現在時制などの過去時制以外の時制（[+t, −p] と略）
　　 c. [−tense] → 時制は無い。to が現れる。（[−t] と略）

一致素性には，単数かどうかを示す［±singular］という素性と人称を表す素性［1st person］,［2nd person］,［3rd person］の2種類がある。樹形図では以下のように表記する。

(36) a. 1人称単数 → [1p, +sg]　　b. 1人称複数 → [1p, −sg]
　　　 2人称単数 → [2p, +sg]　　　 2人称複数 → [2p, −sg]
　　　 3人称単数 → [3p, +sg]　　　 3人称複数 → [3p, −sg]

主要部 I にある時制素性と一致素性は，動詞の形態に影響を及ぼす。そこで，(1) の動詞が原形ではなく，屈折した likes になるメカニズムを見てみよう。(1) はもともと (37) のような構造をしており，動詞は V の下にある時は原形であった。

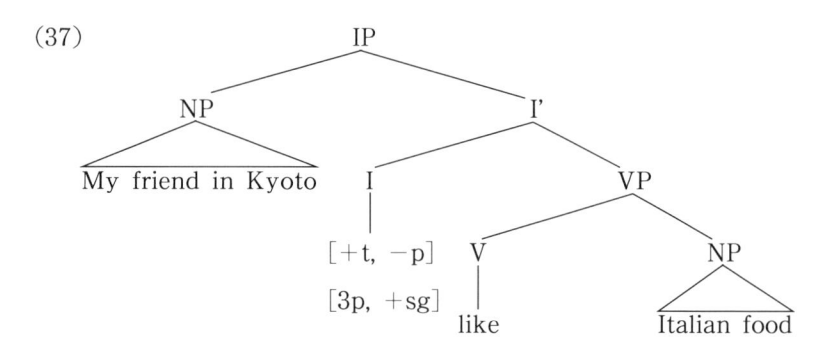

(37)
```
              IP
           /      \
         NP        I'
       /  |  \    /  \
  My friend in Kyoto  I      VP
                      |     /  \
                    [+t,−p] V   NP
                    [3p,+sg]|   |
                           like Italian food
```

その原形動詞が移動してIのところへ行き，時制素性・一致素性と合体する。そして，likes という現在形になる。

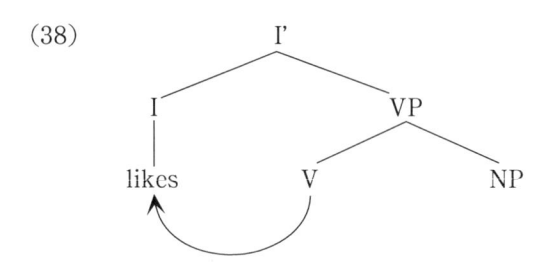

(38)
```
        I'
      /    \
     I      VP
     |     /  \
   likes  V    NP
          ↑____|
```

このような動詞の移動は V 繰り上げ（V-raising）と呼ばれる。時制素

性が [+tense, +past] であれば過去形 liked になる。[−tense] の場合は，動詞はもとの位置に留まる。

　一致素性は，主語 NP の人称と数と深く係わっている。例えば，主語が 1 人称複数の We なのに，一致素性が 3 人称単数の [3p, +sg] ということはありえない。そこで，IP の指定部と主要部にある要素は同じ一致素性を共有するという関係があると考えられる。その関係は指定部・主要部の一致（spec(ifier)-head agreement）と呼ばれている。

　次に，助動詞がある (39) の文構造を考えてみよう。助動詞は動詞の一種で，助動詞のあとには動詞句が来るので，もとは (40) のような構造をしていたと考えられる。連続した VP は付加構造を形成している。

(39) That girl could speak Italian.

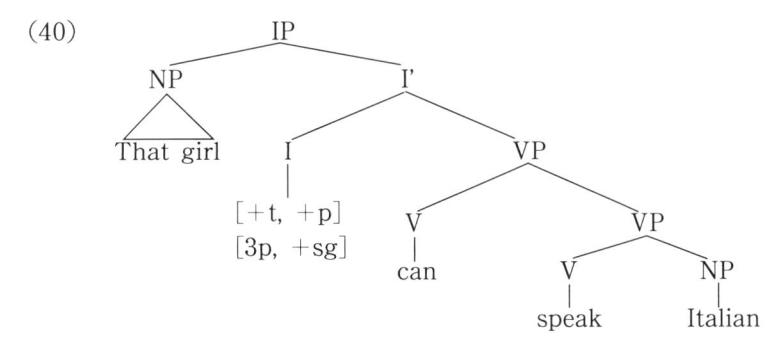

(40)
```
             IP
          /      \
        NP        I'
       /\       /    \
   That girl   I      VP
              |     /    \
           [+t,+p] V      VP
           [3p,+sg] |    /   \
                  can  V      NP
                       |      |
                     speak  Italian
```

　(41) に示したように，助動詞 can も V 繰り上げを受けて，主要部 I に移動する。そこで時制素性 [+tense, +past] と合体して，過去形 could になる。動詞 speak は原形のまま V 位置にあるので，助動詞のあとの動詞は常に原形になるのである。

(41)
```
        I'
       / \
      I   VP
      |   / \
    could V   VP
          |  / \
          V   NP
          |   |
        speak Italian
```
(speak moves to I (could))

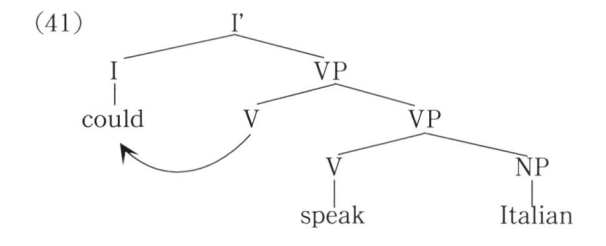

「話すことができた」という過去形を表す英文は (42) でなくて、(39) でなければならない。この事実は次のように説明される。

(42) *That girl can spoke Italian.

(42) を派生するためには、speak を I に移動させて過去形にし、さらに can を上へ（あるいは、I の左側へ）移動させなければならない。しかし、can が納まるべき位置が無いので、(42) のような構文を作ることができないのである（移動に課せられる制約については 5.3 節を参照）。

練習問題

1. 次の文の樹形図を描きなさい。動詞の移動の前後の樹形図を描くこと。
   (a) My father plays golf.
   (b) The boy broke the window.
   (c) I will go to China.
2. 次の文が非文法的になる理由を述べなさい。
   (a) *Those students majors in English linguistics.
   (b) *I be sick in bed last Sunday.

4.5. 補文構造とその応用

文は独立した形で生じることもあるが、従属節として文の中に生じることもある。(43) では動詞 think の目的語として文が現れている。このよ

うな文を補文（complement clause）と呼ぶ。

(43) I think that he is honest.

この場合，that は接続詞として用いられている。この that に続く文 he is honest は IP であるが，that が構造のどの位置を占めているのかが問題となる。そこで，(18) の句構造が接続詞 that にも当てはまると考えてみよう。具体的には次の (44) を仮定する（Chomsky (1986: 3)）。

(44) 接続詞 that は（機能範疇の）補文標識であり，これが主要部である補文標識句（complementizer phrase, CP と略）を形成する。

すると，(43) は (45) の構造をしていることになる。

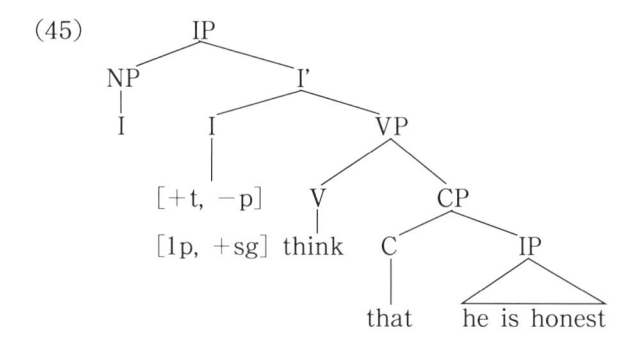

(45)
```
              IP
            /    \
          NP      I'
          |     /    \
          I    I      VP
               |    /    \
           [+t,-p] V      CP
           [1p,+sg] think /  \
                         C    IP
                         |    /\
                        that he is honest
```

上の分析は to 不定詞を含む構文に応用することが可能である。

(46) It is natural for John to get angry.

怒るのはジョンなので，get の主語は John である。したがって，for を補文標識，John を主語 NP として，次のような構造を考えることができる。

(47)
```
              IP
         ┌────┴────┐
        NP         I'
        │      ┌───┴───┐
        It     I       VP
            [+t,−p]  ┌──┴──┐
            [3p,+sg] V     AP
                     │   ┌─┴─┐
                     be  A   CP
                         │  ┌┴─┐
                    natural C  IP
                         │  ┌──┴──┐
                         for NP   I'
                             │  ┌─┴─┐
                            John I  VP
                                 │  △
                               [−t] get angry
                               [3p,+sg]
                                 │
                                 to
```

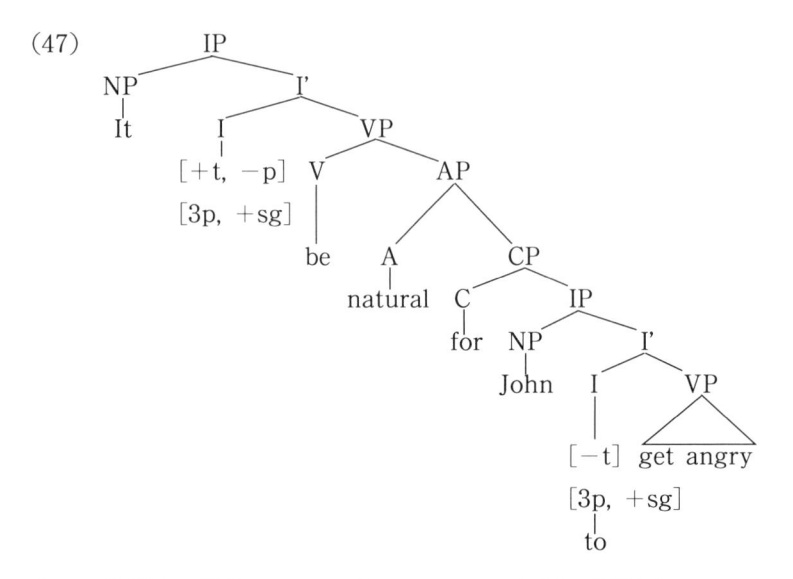

次に，疑問文の構造について考えてみよう。英語の疑問文には Yes-No 疑問文と WH 疑問文の 2 種類がある。

(48) Yes-No 疑問文：

  Did you go to the party?

(49) WH 疑問文：

  What did you buy?

文頭にある助動詞 did, 疑問詞 what は文構造のどの位置を占めているのだろうか，という疑問が生じる。この問題を解決するために前節で考えた CP を応用してみよう。具体的には，次の (50) を仮定する。

(50) 独立した文は IP でなくて CP である。

すると，(48) と (49) はそれぞれ (51) と (52) の構造を持っていることになる。

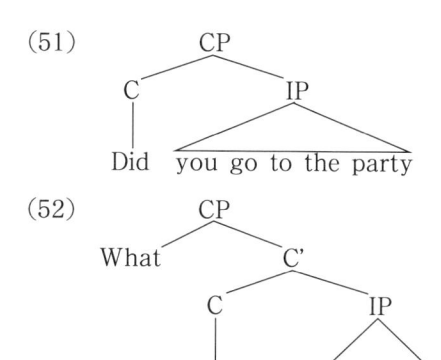

(51)
```
        CP
       /  \
      C    IP
      |   /  \
     Did  you go to the party
```

(52)
```
         CP
        /  \
     What   C'
           /  \
          C    IP
          |   /  \
         did  you buy
```

練習問題

1. 次の文の樹形図を描きなさい。動詞の移動の前後の樹形図を描くこと。
   (a) My teacher said that he made a mistake.
   (b) It is important for you to get exercise.

2. (46) のように，to 不定詞の to のあとには必ず動詞の原形が来る。その理由を述べなさい。

3. (51) と (52) を参考にしながら，次の疑問文の樹形図を描きなさい。
   (a) Will you marry me?
   (b) How will you solve this problem?

参考文献

和書

荒木一雄・小野隆啓 (1991)『英語の輪郭』(英語学入門講座 1) 東京：英潮社.
今井邦彦・中島平三・外池滋生・福地肇・足立公也 (1989)『一歩すすんだ英文法』東京：大修館書店.
枡矢好弘・福田稔 (1993)『学校英文法と科学英文法』東京：研究社出版.[4.1-4.5節の FR]

中村捷・金子義明・菊地朗（1989）『生成文法の基礎』 東京：研究社出版.
田窪行則・稲田俊明・中島平三・外池滋生・福井直樹（1998）『生成文法』（岩波講座・言語の科学 6）東京：岩波書店.［4.1-4.5 節の FR］

洋書

Abney, Steven P. (1987) *The English Noun Phrase in Its Sentential Aspect*. Ph.D. dissertation, MIT.［4.3 節の FR］

Chomsky, Noam (1970) "Remarks on Nominalization." In *Readings in English Transformational Grammar*. ed by R. Jacobs and P. Rosenbaum. Waltham, Mass.: Ginn and Co.［4.3 節の FR］

Chomsky, Noam (1986) *Barriers*. Cambridge, Mass.: MIT Press.（『障壁理論』外池滋生・大石正幸（監訳），東京：研究社出版, 1990.）［4.1 節, 4.3 節, 4.4 節の FR］

Chomsky, Noam (1995) *The Minimalist Program*. Cambridge, Mass.: MIT Press.（『ミニマリスト・プログラム』外池滋生・大石正幸（監訳），東京：翔泳社, 1998.）［4.3 節, 4.4 節の FR］

Culicover, Peter W. (1997) *Principles and Parameters*. Oxford: Oxford University Press.

Freidin, Robert (1992) *Foundations of Generative Syntax*. Cambridge, Mass.: MIT Press.

Haegeman, L. and J. Gueron (1999) *English Syntax*. Oxford: Blackwell.［4.1-4.5 節の FR］

Jackendoff, Ray (1977) *X' Syntax*. Cambridge, Mass.: MIT Press.［4.3 節の FR］

Kayne, Richard S. (1994) *The Antisymmetry of Syntax*. Cambridge, Mass.: MIT Press.［4.3 節の FR］

Pollock, Jean-Yves (1989) "Verb Movement, UG and the Structure of IP." *Linguistic Inquiry* 20, 365-425.［4.4 節の FR］

Radford, Andrew (1997) *Syntactic Theory and the Structure of English*. Cambridge, UK: Cambridge University Press.［4.4 節, 4.5 節の FR］

第 5 章　統語論：依存関係

5.1. 移動

（1）の WH 疑問文について考えてみよう（（2）の構造については 4.5 節を参照）。

(1) What will you buy?（君は何を買うの？）
(2) [_CP What [_C [_C will] [_IP you buy]]]

意味的には what は動詞 buy の目的語であるが，表面的には what は buy の目的語位置（VP の補部）にはない。助動詞 will も you と buy の間ではなくて you の前にある。この事実はこれらの要素がもとの位置から移動（movement）したと考えることで説明できる。つまり，(3)のように，will はもともと VP の主要部にあった（4.4 節を参照）。そこから IP の主要部に移動し，最終的に CP の主要部に辿り着く。また，what はもともと VP の補部にあったが，移動して CP の指定部に辿り着く。(3) は出発点としての構造，(4)は移動が生じてできた構造である。このように WH 疑問文は複数の段階を経て作られる（本節は Chomsky（1981, 1986a）の移動に関する基本事項をまとめた。以下，構造表記を簡潔にするために，IP の主要部が担う時制素性と一致素性を省略する場合がある）。

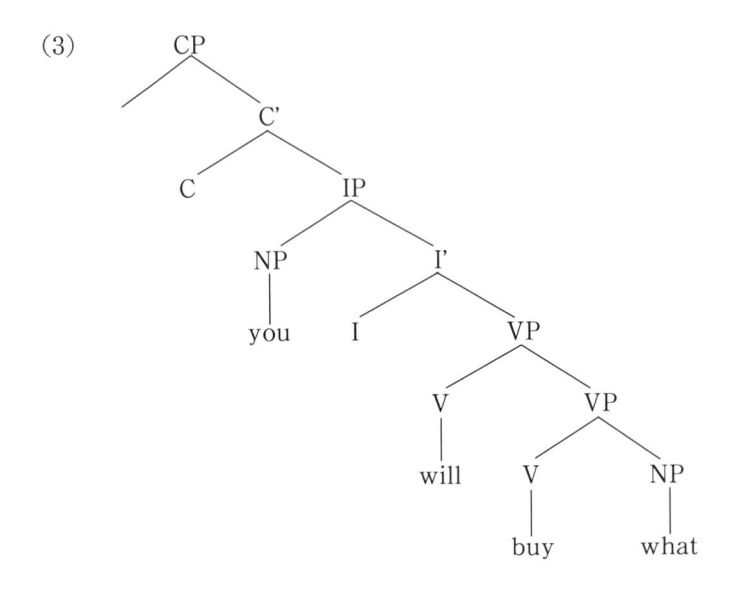

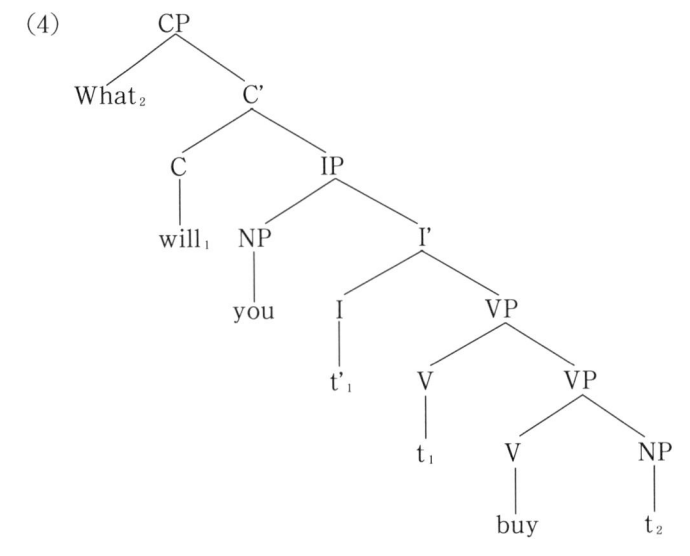

(3)
```
        CP
       /  \
          C'
         /  \
        C    IP
            /  \
          NP    I'
          |   /   \
         you I     VP
                  /  \
                 V    VP
                 |   /  \
                will V   NP
                     |   |
                    buy what
```

(4)
```
            CP
           /  \
        What₂  C'
              /  \
             C    IP
            will₁ / \
                NP   I'
                |   /  \
               you I    VP
                   |   /  \
                  t'₁ V    VP
                      |   /  \
                      t₁ V    NP
                         |    |
                        buy   t₂
```

　(3) の出発点の構造は D 構造（D-structure）と呼ばれ，移動によって D 構造から派生した (4) の構造は S 構造（S-structure）と呼ばれている。より深い（deep）抽象的な構造から表面的な（surface）構造が派生する

76

と考えるのである。D構造からS構造を派生する操作は変形（transformation）と呼ばれる。移動は変形の代表である（空いている位置への移動は代入（substitution）と呼ばれ，付加（adjunction）と区別される）。WH疑問詞の移動はWH移動（WH-movement）と呼ばれ，助動詞のような主要部（＝最小投射）の移動は主要部移動（head movement）と呼ばれる。V繰り上げは主要部移動の一種である（4.4節を参照）。

移動した要素はもとの位置に痕跡（trace, tと略）を残す。(4)のように複数の移動が生じる場合には，移動した要素とその痕跡に同一の下付け数字や文字を付けて，どの痕跡がどの要素のものかが示される。また，最終地点に辿り着く前の中間位置にある痕跡にはt'のようにプライムを付けて示す。痕跡は要素がD構造位置からどのように移動したかを表すので，S構造だけでD構造がどういうものか自動的にわかるようになっている。

受動文（passive sentence）と繰り上げ構文（raising construction）を派生する移動はWH移動と異なる性質を持ち，NP移動（NP-movement）と呼ばれる（WH移動とNP移動を合わせてα移動（move α）と呼ぶことがある。第10章の(28)を参照）。

まず，受動文について考えてみよう。学校英文法によると，受動文は能動文の目的語を主語に，能動文の主語をbyの目的語にするという入れ換え操作によって作られる。

(5) John broke the window.　（能動文）
(6) The window was broken by John.　（受動文）

受動文は能動文から派生されるというアイディアは最近の研究にも受け継がれている。しかし，受動文(6)のD構造は(5)ではなくて，主語位置が空いている(7)であると考えられている（移動に課せられる制約を考えると，能動文の主語をbyの後ろに置くという操作を採用することはできない。5.3節の練習問題を参照）。

(7)
```
              IP
             /  \
                 I'
                /  \
               I    VP
               |   /  \
            [+t,+p] V   VP
                    |  /  \
                    be V'  PP
                      / \   △
                     V  NP by John
                     |   △
                  broken the window
```

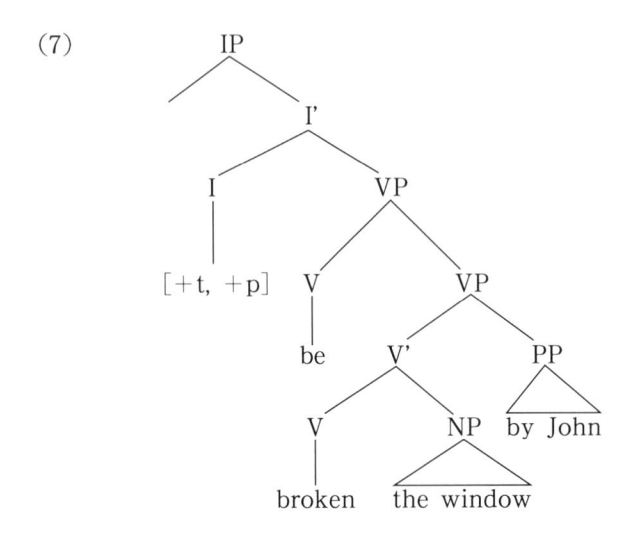

　空いた主語位置へ the window が移動して S 構造（8）（＝（6））が派生する。すると，(6) の The window は主語であるにもかかわらず，意味的には動詞 break（割る）の目的語であるという事実が説明できるようになる（7.3 節で扱う意味役割 (semantic role) が D 構造で与えられると考えられる（Chomsky (1981: 34-48) を参照））。

(8)
```
            IP
           /  \
          NP   I'
          △   / \
      The window₂ I  VP
                  |  / \
                 was₁ V  VP
                      |  / \
                      t₁ V' PP
                        / \  △
                       V  NP by John
                       |  |
                    broken t₂
```

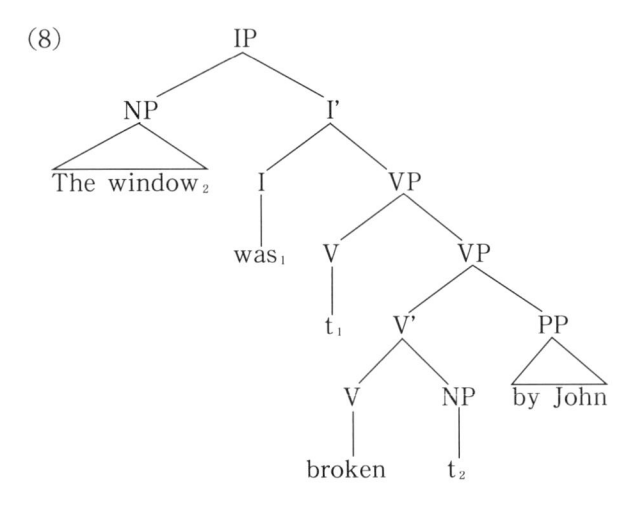

　次に，(9) のような繰り上げ構文について考えてみよう。

(9)　John seems to be gloomy.（ジョンは根が暗そうだ）

(10) It seems that John is gloomy.

(9) は (10) と同じ意味を持つ。(10) は「that John is gloomy が seems である」（つまり，「ジョンが根が暗い」が「思える」）という意味である。形式的には John は seem の主語であるが，意味的には to be gloomy の主語である。よって，(9) は (10) と似た (11) のような構文から派生したと考えられる。(10) と異なり，(11) には形式主語 it が欠落し，主語位置が空いている。そして，補文として to 不定詞がある。

(11)　＿＿＿ seems John to be gloomy.

John to be gloomy が IP を形成していると考えれば，(12) のような D 構造を考えることができる。すると，D 構造では John は補文主語であるが，(13) に示したように移動して主節主語となる。受動文では D 構造の目的語 NP が主語位置へ移動するが，繰り上げ構文では補文主語 NP が主節の主語位置へ移動する。

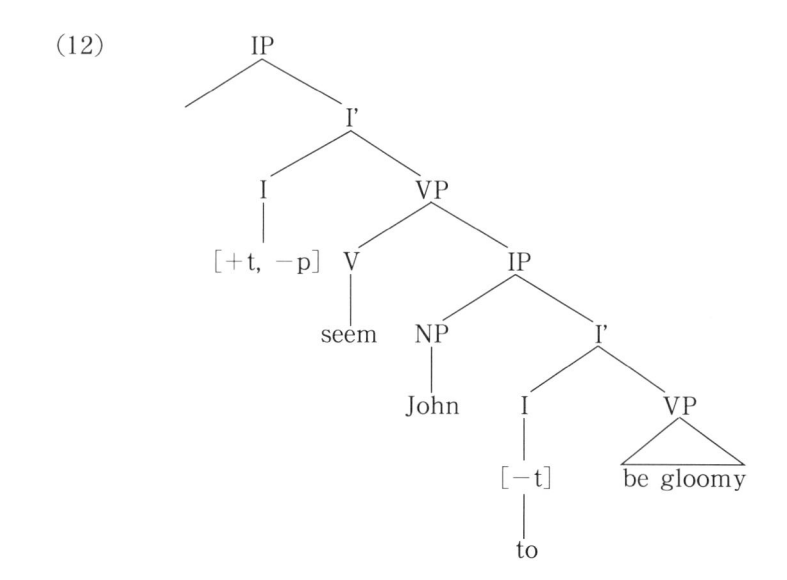

(12)

```
            IP
             |
             I'
           /    \
          I      VP
          |     /  \
       [+t,-p] V    IP
               |   /  \
             seem NP   I'
                  |   /  \
                John I    VP
                     |    /\
                   [-t]  be gloomy
                     |
                     to
```

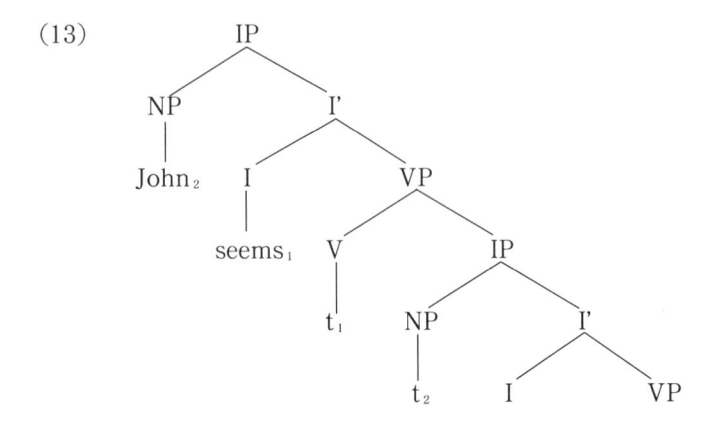

(13)
```
           IP
          /  \
        NP    I'
        |    /  \
      John₂ I    VP
           |    /  \
        seems₁ V    IP
              |    /  \
              t₁  NP    I'
                  |    /  \
                  t₂  I    VP
```

練習問題

1. 次の文のS構造を描きなさい。

    (a) Will you marry me?

    (b) Which train will you take?

    (c) The ring was given to my sister.

    (d) The man appears to be sick.

2. WH疑問詞のD構造位置に注意して，次の文のS構造を描きなさい。

    (a) Where did you put your key?

    (b) Which picture was stolen?

5.2. 移動が生じる理由

移動が起っていない次の (a) 構文は不自然である。

(14) a. *You will buy what?

     b. What will you buy?

(15) a. *Was broken the window by John.

     b. The window was broken by John.

(14a)は反復疑問文（Echo Question）として用いられるが，(14b)のWH疑問文と同じ意味を持たない。また，(15a)ではNP移動が生じていないので，受動文が完成しておらず非文法的である。したがって，WH移動やNP移動は義務的に（obligatorily），つまり，強制的に生じる性質を持つと言える。

まず，WH移動が生じる理由を考えてみよう。WH疑問詞は［+Q］という「疑問」を示す意味素性を持っていると考えられる。そこで，WH移動が生じる場合には，主要部Cはこれと同じ素性［+Q］を持ち，WH疑問詞をCPの指定部に引き寄せる（attract）のである。

(16) $[_{CP}$ What$_1$ $[_{C'}$ $[_C$ [+Q]$]$ $[_{IP}$ ... t_1 ... $]]]$

CPの指定部にあるWH疑問詞と主要部Cの間で，指定部・主要部の一致によって，素性［+Q］が一致していることが確かめられる。この操作を素性照合（feature checking）という（Chomsky (1995) を参照）。

次に，(17)のような間接疑問文（indirect question）について検討してみよう。

(17)   I wonder what you bought.
(18) *I think what you bought.

(17)と(18)の違いは，間接疑問文は特定の述語の補文として生じることを示している。この事実は，wonderは主要部Cが［+Q］という素性を持つ補文CPを選択する（select）が，thinkは主要部Cが［−Q］という素性を持つ補文CPを選択する，という違いによって説明できる。(17)の主節のVP構造は(19)のようになる。(16)と同じく，主要部CがWH疑問詞を引き寄せるのである。

(19) $[_{VP}$ $[_V$ wonder$]$ $[_{CP}$ what$_1$ $[_{C'}$ $[_C$ [+Q]$]$ $[_{IP}$ ... t_1 ... $]]]]$

一方，動詞thinkの補文ではWH移動が生じない。補文の主要部Cが

素性［−Q］を持つ場合は，この位置に接続詞 that が生じる。主要部 C の素性［−Q］は WH 疑問詞を引き寄せないので，(18) を派生することはできないのである。

(20) 　[$_{VP}$ [$_V$ think] [$_{CP}$ [$_{C'}$ [$_C$ [−Q]] [$_{IP}$ ...]]]]

(21) 　I think *that* you bought a new car.

次に，NP 移動について考えてみよう。受動文で用いられる過去分詞は，(22) のように形容詞としての働きを持つ。しかし，(23) からわかるように，形容詞は目的語を取ることができず，前置詞の助けを必要とする。よって，形容詞の一種である過去分詞も目的語を取る能力がないと考えられる。

(22) 　a.　I saw a *broken* window.
　　　b.　That is the window *broken* by John.
(23) 　a.　I am afraid *of* big dogs.
　　　b.　*I am afraid big dogs.

これまでの研究から，NP 移動には（抽象的な）格という概念が係わっていることがわかっている。すべての NP は格を持たなければならない，という条件 (24) のもと，格の受け渡しが行なわれる。これは格理論 (Case Theory) と呼ばれ，次のようにまとめられる (Chomsky (1981, 1986a))。

(24) 　格フィルター (Case Filter):
　　　格を持っていない NP を含む構文は非文法的となる。
(25) 　a. V と P は補部にある NP に目的格を与える。
　　　b. I の時制素性が［+tense］のとき，IP 指定部の NP に主格を与える。
　　　c. N と A（受動文の過去分詞を含む）は目的格を与えない。

以上のことを踏まえて，(26) を考えてみよう。

(26) a. [IP ＿＿ was broken [the window] by John]
     b. [IP [The window]₁ was broken t₁ by John]

　動詞 break は他動詞であるが，過去分詞 broken は形容詞的な性質を持ち目的格を与えない。(26a) のままでは，the window は格を持たず，(24) の格フィルターによってこの構文は非文法的になってしまう。しかし，この文の I は [＋tense] なので主格を与える。そこで，(26b) のように the window は格をもらうために主語位置 (IP の指定部) へ移動するのである。この位置で主格をもらい，非文法的な構文になるのを避けることができる。つまり，NP 移動は，格をもらえない位置にある NP を，格をもらえる位置へ動かすという操作である。見方を変えると，格を与える要素 (＝ [＋tense] の I) が NP を引き寄せると言えよう (Chomsky (1995))。

　繰り上げ構文での NP 移動も格が理由となって生じる。

(27) a. [IP ＿＿ seems [IP John to be honest]]
     b. [IP John₁ seems [IP t₁ to be honest]]

　繰り上げ構文の補文の主要部は to (＝ [－tense] の I) なので主格を与えない。また，seem は他動詞ではないので目的格を与えない。したがって，(27a) のように，補文主語 John は D 構造の位置では格を持てない。しかし，主節の主要部 I は [＋tense, －past] なので，主格を与えることができる。そこで John は主節の主語位置 (主節の IP 指定部) へ移動して，格を持つのである。

練習問題

1. 次の例文が非文法的である理由を述べなさい。

(a) *The police officer arrested he.

(b) *I will have me fingers crossed for your.

2. 次の例文の文法性の差はなぜ生じているのか，理由を述べなさい。

(a) i.　May I ask where you are from?

　　ii.　*May I ask that you are from Tokyo?

(b) i.　The ring was given to my mother.

　　ii.　*My mother was given the ring to.

5.3. 移動に課せられる制約

　移動は自由気ままに起っているのではなく，ある一定の条件に従って生じている。その条件には，移動先に課せられる条件，移動の仕方に課せられる条件，移動した要素ともとの位置の構造的な関係に課せられる条件の3つがある。

　まず，移動先に課せられる条件について考えてみよう。例えば，WH疑問文（28）の語順を入れ換えて（29）にすると非文法的になる。

(28)　　What will you buy?

(29)　*Will what you buy?

　(28)と(29)のD構造は(30)であるという点は共通している。(31)にまとめたように，異なるのはwillとwhatの移動先である。

(30)　[$_{CP}$ [$_C$ [$_C$] [$_{IP}$ you [$_{I'}$ [$_I$] [$_{VP}$ will [$_{VP}$ buy what]]]]]]

(31)　a. (28)での移動

　　　　will:　　VPの主要部 → IPの主要部 → CPの主要部

　　　　what:　　VPの補部 → CPの指定部

　　　b. (29)での移動

　　　　will:　　VPの主要部 → IPの主要部 → CPの指定部

　　　　what:　　VPの補部 → CPの主要部

will は最小投射（＝主要部），what は最大投射（＝句）であることから，移動する要素の種類と着陸地点（landing site）に関係があることがわかる。その関係を着陸地点の条件としてまとめる（Baltin (1982), Chomsky (1986b) を参照）。

(32) 着陸地点の条件
　　　a. 最大投射（XP）の要素は指定部へ移動する。
　　　b. 最小投射（X）の要素は主要部へ移動する。

(31) からわかるように，(28) での移動はこの条件を守っているので，適格な構文となる。一方，(29) では will が指定部へ，NP である WH 疑問詞は主要部 C へ移動している。これらの移動は (32) の着陸地点の条件に違反するので，(29) は非文法的となる。

　着陸地点の条件は NP 移動においても有効である。受動文の派生を示した (7) と (8)，繰り上げ構文の派生を示した (12) と (13) からわかるように，受動文では目的語 NP が IP の指定部へ移動し，繰り上げ構文では補文 IP の主語 NP が主節の IP の指定部へ移動する。また，動詞も主要部へ移動する。すべてが (32) の条件に従った移動である。

　着陸地点の条件に従うと，移動の前後では樹形図の形は変わらないことになる。構造が保持されるように移動が生じるという一般化は構造保持仮説（structure preserving hypothesis）と呼ばれている（Emonds (1976)）。

　さて，着陸地点の条件に従えば常に文法的な構文となるであろうか。答えは否である。移動の仕方に課せられる下接の条件（subjacency condition）があるからである（Chomsky (1981, 1986b), Lasnik and Saito (1992) を参照）。

(33) 2つ以上の IP あるいは NP を一度に飛び越えて移動することはできない。

まず，WH 移動について考えてみよう。次の例では，WH 疑問詞の移動先は CP の指定部なので着陸地点の条件に従っている。しかし，どれも不自然な構文である。

(34) a. *What$_1$ do you know the fact that John bought t$_1$?
 b. What$_1$ do [$_{IP}$ you know [$_{NP}$ the fact that [$_{IP}$ John bought t$_1$]]]?
(35) a. *What$_1$ do you wonder who will buy t$_1$?
 b. What$_1$ do [$_{IP}$ you wonder who [$_{IP}$ will buy t$_1$]]?

(36) にまとめたように，上の 2 例での移動は下接の条件に違反しているので，非文法的になる。

(36) a. (34) では 2 つの IP と 1 つの NP の計 3 つを越えている。
 b. (35) では 2 つの IP を越えている。

次に，NP 移動について検討してみよう。次の 2 例では，NP の移動先は IP の指定部なので着陸地点の条件に従っている。しかし，2 つの IP を飛び越えて移動を行った (38) は非文法的となる。つまり，下接の条件は NP 移動にも有効である。

(37) a. John seems to be intelligent.
 b. John$_1$ seems [$_{IP}$ t$_1$ to be intelligent]
(38) a. *John seems that it appears to be intelligent.
 b. John$_1$ seems that [$_{IP}$ it appears [$_{IP}$ t$_1$ to be intelligent]]

このように，2 つ以上の IP あるいは NP に囲まれた位置からの移動は不可能である。そのような位置は島 (island) と呼ばれ，下接の条件は島の制約 (island constraint) と呼ばれることもある (Ross (1967))。また，移動を阻止する IP あるいは NP は障壁 (barrier) と呼ばれることもある (Chomsky (1986b))。

第 5 章　統語論：依存関係

ところが，次の例では 2 つの IP を越えて移動が生じているので，下接の条件に違反し，非文法的になるはずである。文法的なのはなぜだろうか。

(39)　a. What do you think he will buy for her?
　　　b. What₁ do [IP you think [IP he will buy t₁ for her]]
(40)　a. John seems to be believed to have left.
　　　b. John₁ seems [IP to be believed [IP t₁ to have left]]

(39b) と (40b) が示すように，移動が痕跡位置から一足飛びに生じると考えれば，上記のような問題が生じる。しかし，これらの例では，連続循環的 (successive cyclic) に移動が生じていると考えてみよう。つまり，(39) では，最終地点の CP 指定部に到達する途中で空いている補文の CP 指定部に立ち寄るのである。(40) でも，最終地点の IP 指定部に到達する途中で空いている補文の IP 指定部に立ち寄るのである。結局，次のような移動が生じていることになる。

(39)　c. What₁ do [IP you think [CP t'₁ [IP he will buy t₁ for her]]]
(40)　c. John₁ seems [IP t'₁ to be believed [IP t₁ to have left]]

それぞれの移動は 1 つの IP しか飛び越えていないので，下接の条件には違反しない。このような連続循環的移動は (34), (35), (38) では利用できないので，必然的に下接の条件の違反が生じる。

第三の条件について考えてみよう。(41) の移動は着陸地点の条件と下接の条件を守っているし，wonder が選択する補文の性質も満たされている ((19) を参照)。しかし，非文法的な構文 (42) が派生されてしまう。

(41)　a. [IP Who wonders [CP ＿＿ [IP Bob broke the window]]]
　　　　 (D 構造)
　　　b. [IP t₁ wonders [CP who₁ [IP Bob broke the window]]]
　　　　 (S 構造)

(42) *Wonder who Bob broke the window.

(Cf. The teacher wonders who broke the window.)

これまで考察してきた移動は上方への移動だったが，(41)では下方への移動が生じている。下方への移動を禁止し，移動は常に上方へ生じるということは，適性束縛条件（proper binding condition）で捉えることができる（Lasnik and Saito (1992: 90) を参照）。

(43) 移動した要素はその痕跡を C 統御（C(onstituent)-command）しなければならない。

C 統御とは2つの構成素の構造的な位置関係を表す概念である。簡単に言うと，「要素 A が要素 B よりも構造的に高い位置にあるとき，A は B を C 統御する」という。すると，(43) は「移動した要素はその痕跡より構造的に高い位置になければならない」ということを要求している条件である。(41) の移動は低い位置への移動なので，この条件に違反して，非文法的な構文となる。C 統御は正確には次のように定義される（Reinhart (1976: 32) を参照）。

(44) ある節点 A を最初に支配する枝分かれ節点が別の節点 B を支配するとき，節点 A は節点 B を C 統御する。

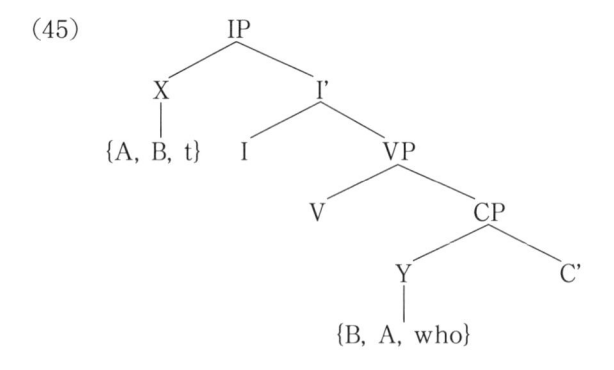

(45)
```
            IP
           /  \
          X    I'
          |   /  \
       {A,B,t} I  VP
                 /  \
                V    CP
                    /  \
                   Y    C'
                   |
                {B, A, who}
```

(45) で，X を節点 A，Y を節点 B として考えてみよう。X を最初に支配する枝分かれ節点はその上の IP である。IP はその下にあるすべての節点 (I', I, VP, V, CP, Y, C') を支配している。したがって，X は Y を C 統御する。逆に，Y を節点 A，X を節点 B として考えてみよう。Y を最初に支配する枝分かれ節点はその上の CP である。CP はその下にあるすべての節点 (C') を支配するが，X を支配していない。したがって，Y は X を C 統御しない。

再び (41b) を考えてみよう。(45) の X が痕跡 t に，Y が who に対応している。したがって，移動した who はその痕跡を C 統御しない。その結果，適性束縛条件に違反し，この構文は非文法的となるのである。

練習問題

1. 次の例文はなぜ非文法的なのか，理由を述べなさい。
    (a) *Are where you from?
    (b) *Ring₁ was bought the beautiful t₁ for my sisiter.
    (c) *What₁ do you know that that John bought t₁ is obvious?
    (d) *Who₁ will you buy the books for t₁ and Mary?
    (e) *Whose₁ did you like t₁ car best?

2. 学校英文法で受動文を作る時には，(i) 能動文の目的語を主語にして，(ii) 能動文の主語を by の目的語にする。しかし，NP 移動による説明は (ii) の操作を認めない ((7) を参照)。その理由を述べなさい。

3. (a) には 2 つの意味があるが，(b) には 1 つしかない。その理由を述べなさい。
    (a) When did you tell me that he would fix the computer?

(b) When did you tell me how he would fix the computer?

5.4. コントロール関係

(47) が示すように，to 不定詞の主語が前置詞 for で導かれる場合，for は補文標識で，主語 NP が IP の指定部にある (4.5 節を参照)。

(46) a. It was natural for you to get angry at him.
   b. It is unnecessary for you to be so patient with him.

(47) ... [CP [C for] [IP [NP you] [I' [I to] [VP ...]]]]

ところが，(48) のように for + NP がない場合の補文構造はどうなるだろうか。

(48) a. I will try to speak Italian.
   b. We will persuade her to study Italian.
   c. It will be interesting to study Italian.

これらの補文には主語 NP が欠落しているのではなくて，目に見えない（つまり，発音されない）NP が IP の指定部を占めていると考えられる。その NP は PRO（プロ）と表記される。PRO は学校英文法で「意味上の主語」と呼んでいたものに相当する。PRO の解釈を決定し，PRO の分布を説明する理論はコントロール理論（Control Theory）と呼ばれている（Chomsky (1986a) を参照）。したがって，(48) の不定詞補文構造は (49) のようになる（文には主語が必ず存在するという拡大投射原理（extended projection principle）と呼ばれる大原則がある (Chomsky (1986a: 116)))。

(49) a. [IP I will try [CP [C] [IP [NP PRO] [I' [I to] [VP speak Italian]]]]]

b. [$_{IP}$ We will persuade her [$_{CP}$ [$_{C}$] [$_{IP}$ [$_{NP}$ PRO] [$_{I'}$ [$_{I}$ to] [$_{VP}$ study Italian]]]]]

c. [$_{IP}$ It will be interesting [$_{CP}$ [$_{C}$] [$_{IP}$ [$_{NP}$ PRO] [$_{I'}$ [$_{I}$ to] [$_{VP}$ study Italian]]]]]

PRO は代名詞的な性格を持ち，何かを指し示す。PRO が何を指し示すかは，to 不定詞補文を選択する動詞の種類によって決まる。例えば，(48) の意味を考えてみると，PRO の解釈に違いがあることがわかる。

(50) a. (48a) の PRO は主節の主語 I を指し示す。
b. (48b) の PRO は persuade の目的語 her を指し示す。
c. (48c) の PRO は一般的な人を指し示す。

(48a) では主節主語 I が PRO をコントロール (control) している。よって，PRO は主節主語を指し示す。この関係は主語コントロール (subject control) と呼ばれ，この関係をつくる try のような動詞は主語コントロール動詞 (subject control verb) と呼ばれる。

(48b) では主節目的語が PRO をコントロールしている。この関係は目的語コントロール (object control) と呼ばれ，この関係をつくる persuade のような動詞は目的語コントロール動詞 (object control verb) と呼ばれる。

(48c) には PRO をコントロールする要素が文中にない。このような場合，PRO の解釈は任意解釈 (arbitary interpretation) となり，一般的な人を指し示す。

コントロールする要素と PRO の関係は，(51) の最短距離原理 (minimal distance principle) に従う。例えば，(49b) では we と her の 2 つが PRO をコントロールする可能性があるが，実際には，PRO に一番近い her が PRO をコントロールしている。

(51) PRO に一番近い NP がコントロール要素 (controller) になる。

練習問題

1. 本文中で取り上げなかった主語コントロール動詞と目的語コントロール動詞を調べなさい。

2. 最短距離原理の例外となるようなコントロール関係を作る動詞はあるだろうか。あれば例を挙げなさい。

3. PRO は to 不定詞の主語位置にしか現れない。この事実を時制や格に着目して説明しなさい。

5.5. 照応関係

照応関係（anaphoric relation）とは，代名詞とそれが指示する NP との関係を言う。ここでは，NP と代名詞が同一指示（coreference）であるかどうか（同じ人や物を指し示しているか）ということが問題となる。照応関係が成立するための条件を考えるために，(52) を検討してみよう（例文の下付き数字は指標（index）と呼ばれ，照応関係を表す。同一指標（coindex）は同一指示を表し，異なる指標は同一指示でないことを表す。斜線で 2 つの指標が併記されているときは，同一指示であってもよいし，そうでなくてもよい，ということを表す）。

(52) Jane$_1$ saw a cat when she$_{1/2}$ opened the door.

そもそも，Jane と she の間に同一指示が成立するためには人称（person），性（gender），数（number,「すう」）が一致している必要がある。そうでないと，(53) のように同一指示は成立しない。

(53) a. I$_1$ saw a cat when she$_2$ opened the door.
    b. Tom$_1$ saw a cat when she$_2$ opened the door.

c. The girls₁ saw a cat when she ₂ opened the door.

次に語順の問題である。(52) のように，Jane が先に現れ，そのあとに代名詞 she が続くという語順によって照応関係を捉えることができそうである。しかし，(54) では she が Jane の前にあるのに同一指示が成立する。したがって，語順だけで照応関係を決定するのは不十分である。

(54)　When she$_{1/2}$ opened the door, Jane₁ saw a cat.

これまでの研究を通して，照応関係は語順でなくて構造的な条件で説明できるということがわかっている（Reinhart (1976) を参照）。その条件を整理した理論は束縛理論（Binding Theory）と呼ばれている。束縛理論では名詞と代名詞の種類を次の 3 種類に分類する（Chomsky (1981, 1986a) を参照）。

(55)　a.　照応形（anaphor）
　　　　　i.　再帰代名詞（reflexive pronoun）：
　　　　　　　myself, yourself, himself, themselves, など
　　　　　ii.　相互代名詞（reciprocal pronoun）：
　　　　　　　each other, など
　　　b.　代名詞類（pronominal）
　　　　　人称代名詞（personal pronoun）：
　　　　　I, my, me, you, your, he, his, him, など
　　　c.　指示表現（referential expression）：
　　　　　John などの固有名詞, that girl などの NP

次に，C 統御と呼ばれる構造関係を用いて，(56) で束縛（bind）という概念を規定する（適性束縛条件にこの概念が用いられている。5.3 節を参照）。(55) の 3 種類の要素はそれぞれ (57)〜(59) の条件に従う。

(56)　要素 A と要素 B が同一指標を持ち，A が B を C 統御するとき，

AはBを束縛する。

(57) 条件A：照応形は，それがあるIPの中で束縛されなければならない。

(58) 条件B：代名詞類は，それがあるIPの中で束縛されてはいけない。

(59) 条件C：指示表現は束縛されてはいけない。

まず，条件Aであるが，この条件は照応形が束縛する要素と同じIPの中になければならないことを要求する。この条件が満たされない場合は，その構文は非文法的となる。(60)と(61)での束縛関係は(62)のようにまとめられる。

(60) Jane$_1$ saw herself$_1$ in the mirror.

(61) Jane$_1$ thought that Kathy$_2$ saw herself$_2$ in the mirror.

(62) a. (60): JaneはherselfをC統御するので，herselfは，それがあるIPの中でJaneに束縛されている。

b. (61): KathyはherselfをC統御するので，herselfは，それがあるIPの中でKathyに束縛されている。JaneはherselfをC統御するが，herselfは，それがあるIPの中でJaneに束縛されていない。

(60)では条件Aが満たされているので照応関係が成立し，文法的と判断される。(61)では，herselfがKathyに束縛される場合は条件Aが満たされる。もちろん，herselfはJaneにC統御されているが，両者は同じIPにないので条件Aは満たされず，照応関係は成立しない。その結果，herselfとKathyの間にしか照応関係は成立しない。

(63)では，Janeとherselfの間で同一指示の解釈をすることはできない。＊印は，両者に同一指標を付けても，同一指示の解釈は困難であることを示している。条件Aの要請が満たされていないからである。

(63)　＊Jane₁ thought that Kathy₂ saw herself₁ in the mirror.

　次に条件Bを考えてみよう。この条件は，代名詞類は束縛する要素と同一指示にならないことを要求する。ただし，そのIPの外にある要素に束縛されるのは構わない。その場合は同一指示は自由（free）である。つまり，同一指示であってもよいし，同一指示でなくてもよい。(64)と(65)での束縛関係は(66)のようにまとめられる。

(64)　Jane₁ saw her₂ in the mirror.
(65)　Jane₁ thought that Kathy saw her₁/₂ in the mirror.
(66)　a. (64): JaneはherをC統御するが，同一指標を持っていないので，herはそれがあるIPの中でJaneに束縛されていない。
　　　b. (65): JaneはherをC統御するのでherはJaneに束縛されているが，JaneはherがあるIPの外にある。

　(64)では条件Bの要請が満たされている。(65)では，Janeとherは別のIPにあるので，条件Bの要請は満たされている。したがって，同一指示は自由である。
　(67)の＊印は，Janeとherに同一指標を付けても，同一指示の解釈には無理があることを示している。条件Bの要請が満たされていないからである（同一指示を表すときは，(60)のようにherをherselfにする）。

(67)　＊Jane₁ saw her₁ in the mirror.

　最後に条件Cを考えてみよう。この条件は，指示表現はC統御する要素とは同一指示にならないことを要求する。(68)と(69)では(70)に示した共通する束縛関係がある。

(68)　She₁ saw Jane₂ in the mirror.
(69)　She₁ thought that Kathy saw Jane₂ in the mirror.
(70)　SheはJaneをC統御しているが，同一指標を持っていないの

で，Jane は束縛されていない。

条件 C の要請は満たされているので，(68) と (69) は文法的と判断される（She に関しても条件 B は満たされている）。次のように Jane と She に同一指標を付けても，条件 C の要請により同一指示の解釈を得ることは不可能である。

(71) *She$_1$ saw Jane$_1$ in the mirror.
(72) *She$_1$ thought that Kathy saw Jane$_1$ in the mirror.

練習問題

1. 再帰代名詞は主語として用いられない。この事実を説明しなさい。
   (a) *Herself$_1$ saw Jane$_1$ in the mirror.

2. 次の例の 2 人の Jane は同じ名前の別人であるという解釈しかない。その理由を述べなさい。
   (a) Jane$_1$ saw Jane$_2$ in the mirror.

3. (a) と (b) を比べて，照応形 each other が指示する名詞の性質をまとめなさい。また，(c) が非文法的である理由を述べなさい。
   (a) i. Kevin and Jane$_1$ praised each other$_1$.
       ii. They$_1$ praised each other$_1$.
   (b) i. *Kevin$_1$ praised each other$_1$.
       ii. *He$_1$ praised each other$_1$.
   (c) i. *Each other$_1$ praised them$_1$.
       ii. *We$_1$ talked each other$_1$.

4. (a) では，再帰代名詞はそれがある IP の中で束縛されていないので，条件 A の要請は満たされず非文法的になるはずである。しかし，実際

第 5 章　統語論：依存関係

には適格と判断される。その理由を述べなさい。

　(a)　My uncle₁ promised me to shave himself₁.
　　　 (Cf. [IP My uncle₁ promised me [IP PRO₁ to shave himself₁]])

参考文献

和書

荒木一雄・小野隆啓（1991）『英語の輪郭』（英語学入門講座 1）東京：英潮社.
原口庄輔・鷲尾龍一（1988）『変形』（現代の英文法 11）東京：研究社出版.
今井邦彦・中島平三・外池滋生・福地肇・足立公也（1989）『一歩すすんだ英文法』東京：大修館書店. [5.3 節の FR]
枡矢好弘・福田稔（1993）『学校英文法と科学英文法』東京：研究社出版. [5.3 節, 5.5 節の FR]
中村捷・金子義明・菊地朗（1989）『生成文法の基礎』東京：研究社出版.
田窪行則・稲田俊明・中島平三・外池滋生・福井直樹（1998）『生成文法』（岩波講座・言語の科学 6）東京：岩波書店. [5.1-5.5 節の FR]

洋書

Baltin, Mark (1982) "A Landing Site Theory of Movement Rules." *Linguistic Inquiry* 13, 1-38.
Chomsky, Noam (1981) *Lectures on Government and Binding*. Dordrecht: Foris.（安井稔・原口庄輔（共訳）『統率・束縛理論』東京：研究社出版.）[5.1-5.3 節, 5.5 節の FR]
Chomsky, Noam (1986a) *Knowledge of Language*. New York: Praeger. [5.2 節, 5.4-5.5 節の FR]
Chomsky, Noam (1986b) *Barriers*. Cambridge, Mass.: MIT Press.（『障壁理論』外池滋生・大石正幸（監訳）東京：研究社, 1990.）[5.1 節, 5.3 節の FR]
Chomsky, Noam (1995) *The Minimalist Program*. Cambridge, Mass.: MIT Press.（『ミニマリスト・プログラム』外池滋生・大石正幸（監訳）東京：翔泳社, 1998.）[5.2 節の FR]
Culicover, Peter W. (1997) *Principles and Parameters*. Oxford: Oxford University Press.
Emonds, Joseph (1976) *A Transformational Approach to English Syntax*. New York: Academic Press. [5.3 節の FR]
Freidin, Robert (1992) *Foundations of Generative Syntax*. Cambridge, Mass.: MIT Press.
Haegeman, L. and J. Gueron (1999) *English Syntax*. Oxford: Blackwell. [5.1-5.5 節の FR]

Lasnik, H. and M. Saito (1992) *Move α*. Cambridge, Mass.: MIT Press. [5.1節, 5.3節のFR]

Radford, Andrew (1997) *Syntactic Theory and the Structure of English*. Cambridge, UK: Cambridge University Press.

Reinhart, Tanya (1976) *The Syntactic Domain of Anaphora*. Ph. D. dissertation, MIT. [5.3節, 5.5節のFR]

Ross, John R. (1967) *Constraints on Variables in Syntax*. Ph. D. dissertation, MIT.

第6章　音韻論

6.1. 音素と異音

　英語は日本語と比べて母音や子音が多い。したがって、日本語にない母音や子音を含む単語を相手に伝える場合、特に注意が必要となってくる。例えば、I think の th の発音は /θ/ となるが、/s/ で発音している人がかなりいる。/s/ で発音すると sink となり「私は落ち込む」とか「私は沈む」と解釈されそうになるので誤解を招かないためにも正しい発音が出来るようにしなければならない。さて、音素と異音の概念を紹介する前に、英語の基本的な母音と子音を見ておくことにする。

　二重母音 [ai, ei, ou] や曖昧母音 [ə] などを除くと、英語の母音は (1) に示すように8母音体系となる。一方、日本語の母音は5母音体系である。

(1)　　　　英語の母音　　　　　日本語の母音

```
   i     u           i      u
   e   ʌ   o         e      o
     æ   ɔ              a
         a
```

（斎藤武生他編（1995: 8））

日本語にない /æ/（例えば、b<u>a</u>t, c<u>a</u>t, <u>a</u>pple）や /ʌ/（例えば、l<u>u</u>ck, s<u>ou</u>thern, t<u>ou</u>ch）の発音は、何回もテープを聞いて練習する必要がある。

　次に、子音の発音を見てみよう。子音の発音で重要なのは有声音 (voiced sound) と無声音 (voiceless sound) の区別である。物理的には

声帯が振動するかしないかであるが，日本語にない子音を正しく発音するためにも両者の対立をなす子音を理解しておくことが必要である。(2)にその対立と具体例を示す。

(2) 　　有声音　　　　　　　　　　　無声音

/b/ : best, bus, club　　　　　　/p/ : pet, put, top

/d/ : desk, dish, hand　　　　　 /t/ : test, toss, hat

/g/ : get, god, dog　　　　　　　/k/ : kick, kiss, stock

/v/ : very, vest, slave　　　　　 /f/ : fish, fold, staff

/ð/ : this, bathe, with　　　　　 /θ/ : thank, thin, mouth

/z/ : zebra, zip, buzz　　　　　　/s/ : send, sin, mass

/ʒ/ : leisure, mirage　　　　　　/ʃ/ : sure, shoot, passion

/dʒ/ : soldier, jump, cage　　　 /tʃ/ : chance, church, peach

　ここでは特に，日本語にない fold の /f/ の発音が hold になったり，vest の /v/ の発音が best にならないように気をつけなければいけない。その意味では，/l/ と /r/ の違い（例えば，light と right）にも注意が必要である。

　子音の発音は，語末の母音が音節的（音節の概念に関しては次節を参照）に省略される場合（例えば，slave）を除いては，実際にはあとの母音と一緒になって発音される。例えば，/p/ の発音は，pat, pit, put, pet, pot に見られるように，母音の /æ/, /i/, /u/, /e/, /ɑ/ または /ɔ/ と結合して具体的に発音される。その際，/p/ の音は後続母音によって異なる音となるが，/p/ 自体の音は変わらないものとして心理的に理解される。このように物理的な音ではなくて同じ音として認識される抽象的な音を音素 (phoneme) と呼び，通常 / / マークで表される。また，異なる音を形成する各母音も [p_t] の同じ音声的環境に生じて別の意味を形成するので，異なる語彙としての最小対立 (minimal pair contrast) をなす音素と考えられる。ここで，異音 (allophone) と混乱しないためにも，異音は音

素と違って異なる音声的環境に生じるということを念頭におかなければならない。音素と異音の関係を（3）の例で見てみよう。

(3) a. past, pest, post
    b. span, spin, spot
    c. napkin, popcorn
    d. drop, stop, tip

　(3a) のように，語頭に現れる /p/ 音は，両唇閉鎖音（＝破裂音）(bilabial stop) で発音され，帯気音 (aspirated) が伴われる。音声学では [pʰ] と表記し，帯気音を伴わない [p] と区別される。(3b) の摩擦音 (fricative) の /s/ のあとに現れる /p/ 音は，破裂性は残るが，帯気性は伴わず無気音 (unaspirated) となる。一方，(3c, d) における語中・語末の位置に現れる /p/ 音は，破裂性はなく（音声学では [p⁻] と表記される）帯気音は伴われない。音素レベルでは同じ /p/ 音が，このように位置の相違によって [pʰ] [p] [p⁻] の 3 つの異音に具現化される。これらの音声的な違いは，実際の発話において入れ換えて発音しても，意味には影響しないので自由変異 (free variation) の関係にあると言われる。また，/p/ の音素に対する [pʰ] [p] [p⁻] の異音は，それぞれ異なる環境に生じるので相補分布 (complementary distribution) の関係にあると言われる。

練習問題

1. 次の最小対立をなす下線部の音素に気をつけて発音しなさい。
   (a) bury と very　(b) leader と reader　(c) zealous と jealous
   (d) She sells seashells by the seashore.

2. 次の単語は語中に /p/ 音が生じているにもかかわらず，破裂性があり

帯気音を伴う。その根拠を探りなさい。
　(a) appear　(b) departure　(c) surpass

6.2. 単語と子音結合

英単語はアルファベットが適当に組み合わされて出来ているのではない。音声的に結合できない組み合わせがある。例えば，[ŋ] [tm] [dn] の音は語中や語末では許されるが，語頭では許されない。

(4) longing [lɔ́ŋiŋ] (cf. ＊ngether [ŋeðə]),
　　 bottom [bɔ́tm] (cf. ＊tmiss [tmis]),
　　 burden [bə́ːrdn] (cf. ＊dnell [dnel]) (Katamba (1994: 16-17))

　日本語は英語と異なり子音を語頭や語中で連続させたり子音で終る単語は，(5) のような拗音・促音・撥音の場合を除いて存在しない。

(5) キャンプ [kjanpu]，医者 [isja]，切手 [kitte]，骨子 [kossi]，本 [hon]

音節は，基本的には母音が中心となり，その母音の前後に子音が生じる次のような構造をとる。

(6) ...CCCVCCC...　（C は子音を V は母音を表す）

　母音の前後に最大でいくつの子音を取るかが興味のあるところだが，ワープロで英文を打つときにいつも注意しなければならない分節 (syllabi(fi)cation) のことについて簡単に触れておく。辞書を引けば分節は一目瞭然だが辞書がなくても次のような原則を念頭におくとよい。

(7) 原則の1：母音と母音の間に子音が2つある場合，子音の間で分節する。
　　　　　　（例）in-ning, con-fuse, kit-te（切手）

ただし，th, sh, ch, ph で1つの子音を表す場合は，この限りではない。

　　　　（例）meth-od, cush-ion, a-chieve, tele-phone
原則の2：母音と母音の間に子音が3つある場合，最初の子音は前の母音に，残りの子音は後の母音に付けて分節する。

　　　　（例）con-trast, han-dle, bub-ble, chil-dren

　　　　ただし，音節を形成しない場合は，この限りではない。

　　　　（例）glimpse [glimps] （handle と bubble の -dle や -ble が成節子音であることに注意したい）
原則の3：長母音と二重母音のあとで分節する。

　　　　（例）beau-ty, stu-pid, ba-sin, la-tent
原則の4：2つの母音が異なる発音の場合，母音の間で分節する。

　　　　（例）di-et, fu-el, vi-o-lin, Se-at-tle
原則の5：強勢のある短母音はあとの子音を1つ取り込む。

　　　　（例）bus-y, on-ion, nev-er, pic-ture
原則の6：単母音は分節しない。

　　　　（例）stage[steidʒ], male[meil], sleep[sli:p]
原則の7：接頭辞と接尾辞で分節する。

　　　　（例）pre-war, un-kind, fail-ure, miss-ing

　これらの原則の中で6と7は優先されるが，run-ning や begin-ning のように原則の1が原則の7より優先される場合があるので注意が必要である。

　さて，母音の前後に最大でいくつの子音を取るかだが，英語では頭子音が3個まで，尾子音が4個まで許される。すなわち，CCCVCCCC（＝C^3VC^4）となる。

(8) C_1 C_2 C_3 V-　（例）　　　　-V C_4 C_3 C_2 C_1　（例）

s	p	r	spring, split, spurious	k	s	θ, t	s	sixths, texts
	t	l	street, student	l	t	s	t	waltzed
	k	j	screen, sclerotic, scuba	m	p	s	t	glimpsed
		w	scuirrel	n	d	θ	s	thousandths
				l	f	θ	s	twelfths

頭子音の中で［spw-］,［stl-］,［stw-］の組み合わせは, 許されない。安井 (1992: 107) によると,［spw-］,［stl-］の子音結合が許されないのは,［sp-］,［st-］は生じるものの,［pw-］,［tl-］がもともと存在しない構造上の空白 (structural gap) に起因する。一方,［stw-］は［st-］,［tw-］が生じるので, 当然［stw-］が許されると予測されるが, 実際は存在しない偶然の空白 (accidental gap) となる。日本語は (5) で指摘したように英語と比べて子音結合できない言語である。日本語は子音のあとに必ず母音を入れて音節を形成する言語である。したがって, 英語では strike ［straik］の1音節語が 日本語では su-to-ra-i-ku のように5音節と多音節化する。(C)V で一つの音節を形成し, 日本語の場合は各音節の長さが等しくなり,「拍」あるいは「モーラ」と呼ばれる独自の単位を形成する。英語本来の音節数で発音することが英語らしい発音を習得する一つの方法である。

練習問題

1. 次の単語を分節しなさい。
 (a) argument (b) create (c) practice (d) people (e) Mississippi
2. 英語の尾子音は4個まで許されるが,（8）の C_1 に見られる形態的特徴を述べなさい。

6.3. 語強勢

6.2 節で単語を分節する方法を紹介したが，語強勢（＝第1強勢）は分節した，いずれかの音節に生じる。基本的には音節を形成する母音に語強勢が生じるのだが，単語のどの部分の音節に語強勢が来るかはその単語の音節数，品詞，接尾辞によってだいたい決まってくる。以下，この順番に見てみよう。

英語本来の語（ゲルマン系の語）は，(9) のように母音が1つ含まれる単音節語が多いので語強勢はその音節に生じる（単語の上の´マークは語強勢を示す）。

(9) cát, bóok, drínk, téll, kínd, ódd

2音節以上の語に関しては，英語本来の語とラテン語やフランス語のような外来語とでは強勢の位置が異なる。すなわち，英語本来の語の語強勢は，(10a) のように語頭に置かれるか，(10b) のように接頭辞の次の音節に置かれる。一方，ラテン語やフランス語のようなロマンス系の語は，(11a) のように語末から数えて2音節目か，(11b) のように3音節目に語強勢が来るのが普通である。

(10) a. móther, kíngdom, púrple, évil, míddle
　　 b. befriénd, belíttle, unháppy, withdráw, withóut
(11) a. antecédent, cohérent, consénsus, explícit, succéssive
　　 b. capácity, céntigrade, décadent, élevate, vídeo

品詞に関しては，2音節でゼロ派生（2.5 節を参照）の場合，名詞や形容詞は前に来て，動詞は後ろにくる傾向がある（ただし，ánswer（答え），ánswer（答える）のような例もある）。

(12) a. cónduct（行為），récord（記録），ábsent（欠席の），pérfect（完了形，完全な）
　　 b. condúct（行う），recórd（記録する），absént（欠席する），

perféct（完全にする）

接尾辞に関しては，ロマンス系の接尾辞やギリシャ系の接尾辞が基体（2.1節を参照）の語強勢に影響を与えるのに対し（(13)(14)(15)），英語本来の接尾辞は基体の語強勢に影響を与えない（(16)）。

(13) 接尾辞の直前の音節に語強勢を移動させるタイプの接尾辞（-ian, -ics, -ion, -logy, -ic, -ical, -ify など）

grámmar → grammárian, ecónomy → economics, éducate → educátion, zóo → zoólogy, hístory → histório, írony → irónical, pérson → persónify

(14) 接尾辞の2つ前の音節に語強勢を移動させるタイプの接尾辞（-ate, -ite, -ous など）

órigin → oríginate, oppóse → ópposite, índustry → indústrious

(15) 接尾辞自体の音節に語強勢を移動させるタイプの接尾辞（-ee, -eer, -ette, -ese, -esque など）

emplóy → employée, móuntain → mountainéer, kítchen → kitchenétte, Japán → Japanése, pícture → picturésque

(16) 語強勢に影響を与えない英語本来の接尾辞（-hood, -ness, -ship, -ful, -less, -some, -ly など）

chíld → chíldhood, cléver → cléverness, mémber → mémbership, delíght → delíghtful, léader → léaderless, tróuble → tróublesome, béautiful → béautifully

最後に，複合語の語強勢について句表現と比較しながら見てみよう（単語の上の`マークは第2強勢を示す）。

(17) 複合名詞　　　　　　　　名詞句

gréenhòuse（温室）　　　grèen hóuse（緑の家）

wórkingman（労働者） wòrking mán（働いている男）
(18) 複合名詞 動詞句
sétùp（組織, 事態） sèt úp（設立する, 設置する）
mákeùp（化粧） màke úp（補う, 化粧する）
(19) 複合形容詞 動詞句
tákeòut（持ち帰り用の） tàke óut（取り出す, 持ち帰る）
(20) 複合動詞 動詞句
báby-sìt（子守する） sìt a báby（赤ちゃんを座らせる）
síght-sèe（見物する） sèe síghts（景色を見る）

(20) の baby-sit と sight-see は複合名詞の baby-sitting と sight-seeing からの逆成（2.5 節を参照）により生じるが，いずれにしても (17)〜(20) の複合語の強勢パターンは「強弱」となるのに対し，その句表現のパターンは「弱強」と鏡像（mirror-image）の関係になる。

語強勢の位置は，例外もあるが，上記の規則性を知ることにより，ある程度予測できるものと思われる。

練習問題

1. 次の単語の語強勢の位置を，辞書を引かないで答えなさい。
   (a) overwork (b) methodical (c) Dantesque (d) harmonious
   (e) successful

2. 次の複合形容詞の強勢パターンは「強強」と水平強勢となる。通常の強勢パターンと異なる理由を考えなさい。
   (a) ábsent-mínded（ぼんやりした）(b) góod-lóoking（顔立ちのよい）
   (c) góod-nátured（親切な）(d) ópen-éyed（目を開いた）
   (e) ópen-mínded（心の広い）

6.4. 文強勢

　語強勢に対して文強勢は，文中で意味上重要な役割を果たす単語に強勢が置かれる。一般的に，名詞・形容詞・動詞・副詞は内容語（content word）と呼ばれ，文の中で情報内容にウェイトを占めるので強勢が置かれる。一方，前置詞・接続詞・冠詞・人称代名詞・助動詞などは機能語（function word）と呼ばれ，語や文の文法的関係を示したり，意味的に内容語ほど重要ではないので普通は強勢が置かれない。例えば，(21)の文において，go, station, now, see, pretty, daughter は内容語で，If, you, to, the, will, your は機能語である。

(21) If you go to the station now, you will see your pretty daughter.

　この内容語と機能語の区別は，幼児の言語習得過程や電報文を理解する上で興味がある。Peccei (1994: 20) によると，幼児は2歳ぐらいになると2語文を発話する段階までに成長する（two-word stage）。その2語文は，物を表す名詞や動作を表す動詞，あるいは状態を表す形容詞になると言われる。それに対して，人称代名詞・be動詞・助動詞・屈折接辞の-ed, -ing などは省略される。すなわち，幼児は内容語と機能語の違いを本能的に理解しているものと思われる。また，子供たちは発話の早い段階で電報文に似たようなメッセージを伝えると言われる。電報文は内容語のみ相手に伝えれば，緊急な用件はたいがい理解されるので，機能語は出来るかぎり省き，内容語で作成するのが鉄則である。Peccei (1994: 21) が挙げる(22)の文を比較しながら，内容語と機能語の違いを確認しよう。(22a)は通常の文で，(22b)は電報文を示す。

(22) a. Paris is horrible. I am leaving on Saturday and I need the credit card. Meet me tomorrow at the usual place.
　　　b. Paris horrible. Leave Saturday. Need credit card. Meet

tomorrow. Usual place.

文強勢は内容語に置かれるが，内容語が一様に強勢を持つのではない。内容語でも文の最後に現れる語が他の内容語よりも強くなる傾向がある。

(23) a. Tòm is rèading the bóok.
  b. Màry can spèak Japanése.

Halliday (1967: 204) によると，音調 (intonation) の中心（＝音調核）は文の一番最後で際立ち，情報の焦点 (information focus) となる。これは，文末に現れる文強勢が新情報の位置と一致する（情報構造に関しては，8.2 節を参照）。しかしながら，機能語が文末にある場合は，その前の最初の内容語に音調の中心は移動する（↘は下降調の音調核を表す）。

(24) a. Give it to your ↘sister.
  b. Give it to ↘her.

(23) と (24) の例は，文末に現れる文強勢と音調核が一致することを説明しているが，特定の文脈や対比的文脈が与えられると，別の内容語や機能語に文強勢が現れる。例えば，(25a) の特定の文脈が与えられると (23a) の文強勢は (25b) になり，(26) のような対比的な文脈の中では (24b) の her に対照強勢 (contrastive stress) が与えられる。

(25) a. Who is reading the book?
  b. Tóm is reading the book.
(26) Give it to hér, not him.

練習問題

1. 次の (a, b, c) の文強勢が答えとなる疑問文を与えなさい。
   (a) Hé bought a red car yesterday.
   (b) He bought a réd car yesterday.
   (c) He bought a red car yésterday.

2. 次の文は，直接話法に he said angrily（〜と言った）の表現が加わったものであるが，音調の中心は直接の会話 " " の最後の部分に生じる。文の最後になぜ生じないのか考えなさい。

   "You must go there in a hurry," he said angrily.

6.5. リズム原理と文法形式

音楽にリズムがあるように言葉にもリズムがある。Pike（1947）やAbercrombie（1967）は，音節数に関係しないで文強勢（6.4 節を参照）が等間隔で現れる強勢拍リズム（stress-timed rhythm）と，強勢数に関係しないで音節が等間隔で現れる音節拍リズム（syllable-timed rhythm）の2種類のリズムがあると仮定し，英語のような言語は強勢拍リズムで，日本語やスペイン語のような言語は音節拍リズムに属すると考える。窪薗・溝越（1991: 144）によると，今世紀後半の実験音声学（Experimental Phonetics）の発達や音響音声学（Acoustic Phonetics）による物理的研究により，強勢拍リズムは必ずしも等間隔には現れない結果が報告されている。しかし，人間の直観を反映する心理的リズムとしては，英語が強勢拍リズムをとるのは妥当であると主張する。本節では，窪薗・溝越（1991）の議論に基づき，英語の強勢拍リズムが生じる根拠を述べる。

英語には（27）のような A and B の表現がある（以下，語句の下の s は「強」，w は「弱」の音節を表す）。

第6章　音韻論

(27) a. bread and butter
　　　　s　w　　s　w

　　 b. ladies and gentlemen
　　　　s　w　w　　s　w　w

　　 c. men and women
　　　　s　w　　s　w

(27) において，A と B の語句を (28) のように入れ換えることができない。

(28) a. butter and bread
　　　　s　w　w　　s

　　 b. gentlemen and ladies
　　　　s　w　w　w　　s　w

　　 c. women and men
　　　　s　w　w　　s

　その理由は，sw や sww の一定の強勢パターンがリズムをなし，(28) においてはそのパターンが破られるからである。これらの強勢パターンは脚 (foot) をなし，強勢拍リズムに基づいて等時間隔的 (isochronic) に脚が繰り返される。
　次に，文法形式としては一般的ではないが英語のリズムとして語順が変化する例を見てみよう。

(29) a. half an hour
　　　　s　w　s

　　 b. quite a cold day
　　　　s　　w　s

　　 c. such a long leg
　　　　s　　w　s

(29) の例は，文法的には (30) のようになるのが普通である。

(30) a. a half hour
　　　　w　s　s

111

    b. a quite cold day (cf. a quite unusual man)
       w   s   s   w   s   w   s

    c. a such long leg
       w   s   s

　(30) の各表現は s の強勢どうしがぶつかり，適正な英語のリズムをなしていない。したがって，文法的には正しくても聞こえの悪い表現となり，(29) のような変則的な語順に変えられる。

　最後に，形容詞の叙述用法と限定用法における語の選択とリズムの関係について見てみよう。

  (31) alike, alive, alone, asleep, awake
       ws   ws   ws   ws   ws

　(31) の形容詞は叙述用法にのみ使用が可能で，同じ意味の限定用法としては (32) の形容詞が代用される。

  (32) similar, living, lonely, sleeping, waking
       s ww   s w   s w   s w   s w

　具体的に，alone (lonely) と asleep (sleeping) の例を挙げて，文の中でリズムがどのように働くか見てみよう。

  (33) a.   I'm sure she isn't a lonely woman.

       b. *I'm sure she isn't an alone woman.

       c.   The dog bit sleeping children.

       d. *The dog bit asleep children.

　(33b) において，alone woman となると wssw の強勢パターンになり s の強勢がぶつかることになる。一方，(33a) の lonely woman は swsw となりリズムを形成する。同様に，(33d) の asleep children と (33c) の sleeping children についても同じことが言える。(31) の形容詞が限定用法で使用できないのは，これらの形容詞の多くがもともと ws の強勢

パターンを有し，仮に名詞を限定して修飾すると（33b, d）のように次の名詞との強勢衝突する可能性が出てくるからである。一方，（32）の形容詞は sw あるいは sww なので，次の名詞が強勢で始まる音節を持つ語が来ても強勢衝突を避けることができ，限定用法としての使用が可能となる。

以上，3つの文法形式とリズムの関係を見てきたが，（30）と（33b, d）に示すように英語は強勢拍リズムのため強勢どうしが衝突したり，（28）のように強勢どうしが離れていたりすると，等間隔で強勢拍リズムが保てなくなり英語表現としてはふさわしくなくなる。

練習問題

1. 比較級や最上級の表現はその語が単音節の場合，（a）のように -er と -est とを付けるが，3音節以上の語は（b）のように more や most を付ける。この区別がなされる理由をリズムの観点から述べなさい。
   (a) small, smaller, smallest
       (Cf. a smaller box, ＊a more small box)
   (b) interesting, more interesting, most interesting
       (Cf. a more interesting book)

2. 日本語で「夫妻」・「父と息子」と言うが，英語では husband and wife, father and son と言うのか，それとも wife and husband, son and father と言うのか，英語のリズムと意味を検討して答えなさい。

参考文献

和書
  原口庄輔（1998）『音韻論』東京：開拓社.
  窪薗晴夫（1995）『語形成と音韻構造』東京：くろしお出版.［6.5節のFR］
  窪薗晴夫・溝越彰（1991）『英語の発音と英詩の韻律』東京：英潮社.［6.3節, 6.4節のFR］

斎藤武生・原口庄輔・鈴木英一（編）(1995)『英文法の誘い』東京：開拓社.
杉森幹彦・杉森直樹・中西義子・清水祐子 (1997)『音声英語の理論と実践』東京：英宝社.
安井泉 (1992)『音声学』（現代の英語学シリーズ 2）東京：開拓社. [6.1節のFR]

洋書

Abercrombie, David. (1967) *Elements of General Phonetics*. Edinburgh: Edinburgh University Press. [6.5節のFR]

Allen, George D. (1975) "Speech Rhythm: Its Relation to Performance Universals and Articulatory Timing." *Journal of Phonetics* 3, 75-86.

Bolinger, D. L. (1965) *Forms of English: Accent, Morpheme, Order*. Tokyo: Hokuou Publishing Company.

Chomsky, N. and M. Halle (1968) *Sound Patterns in English*. New York: Harper and Row. [6.2節, 6.4節のFR]

Fudge, Erik (1984) *English Word*-Stress. London: George Allen and Unwin. [6.3節のFR]

Halle, M. and J. R. Vergnaud (1987) *An Essay on Stress*. Cambridge, Mass.: MIT Press.（『強勢の理論』原口庄輔・田中章訳，東京：研究社出版, 1993）[6.3節のFR]

Halliday, M. A. K. (1967) "Notes on Transitivity and Theme in English, Part 2." *Journal of Linguistics* 3, 199-244. [6.4節のFR]

Katamba, Francis (1994) *English Words*. London and New York: Routledge.

Liberman, M. and A. Prince (1977) "On Stress and Linguistic Rhythm." *Linguistic Inquiry* 8, 249-336. [6.5節のFR]

Peccei, Jean S. (1994) *Child Language*. London and New York: Routledge.

Pike, Kenneth L. (1947) *Phonemics: A Technique for Reducing Languages to Writing*. Ann Arbor: University of Michigan Press. [6.5節のFR]

Schmerling, S. F. (1976) *Aspects of English Sentence Stress*. Austin: University of Texas Press. [6.4節のFR]

第7章　意味論

7.1. 意味特質と意味関係

　本節では，語と文における意味特質と意味関係の具体例として，「あいまい性」の概念を素材にしながらそれぞれの意味概念を考察する（4.2節を参照）。その前に意味とは何かについて考えてみよう。昔から意味の本質を捉えるために多くの学者によってこのテーマについて議論がなされてきた。その中でもわかりやすく，よく例に出されるオグデンとリチャーズ（Ogden and Richards (1923)）による「意味の意味」の捉え方を見てみよう。彼らは意味の本質を捉えるために（1）の三角形をイメージする。

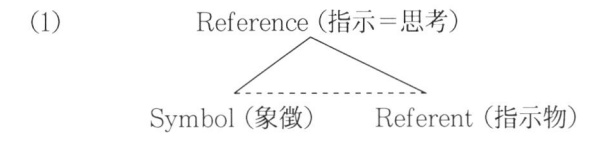

(1)　　　　　　Reference（指示＝思考）

　　　　Symbol（象徴）　　　Referent（指示物）

　ここで，象徴というのは形式と言ってもいいものである。ただ，言語によって指示物を特定する場合，いろいろな表現形式が出てくる。例えば，「犬」という対象を指示物に挙げた場合，日本語ではイヌ，英語ではdog，仏語ではchien，スペイン語ではperroのように同じ対象を指しながら異なる表現形式となる。そこで，オグデンとリチャーズは指示物と象徴の間には恣意的な関係しか存在しないと考え，その恣意性を示すのに点線を用いる。意味の意味を直接決定するのは指示，いわば，指示物を象徴に結び付ける思考が大切であると考える。この捉え方は，指示物として指し示されるものが抽象的な実体を含めて心的に存在する場合には有効であるが，unicorn（一角獣）やthe present king of France（フランスの現在の王）

のように現実の世界に存在しないような対象を指示物として特定する場合は問題となる。また，the Morning Star（明けの明星）や the Evening Star（宵の明星）のように指示物が同じものでも表現形式が異なるニュアンスを持つという問題が生じる。これらの問題に係わる言語外の対象を現実世界にあるものとして特定化する，すなわち概念化する，プロトタイプ的な見方については 7.4 節の意味と認知のところで振り返ることにして，本節の中心となる語と文の意味特質と意味関係について考えてみよう。

(2) a. He found a bat.
    b. a small girls' school
    c. The chicken is ready to eat. 　　　　　（Hofmann (1993: 254)）

(2) に見られる語(句)や文の意味特質はあいまい性（ambiguity）と呼ばれる。あいまい性というのは語(句)や文の形式に二つ以上の意味が特定されることを言う。

(2a) では bat が「コウモリ」と「(野球の) バット」の意味を持ち，語彙的あいまい性（lexical ambiguity）と呼ばれる。語彙的あいまい性は，二つ以上の語彙が同音異義語の意味関係であることから生じるが，(2a) の bat のように同綴同音異義語（homonym）の場合と flower, flour のように異綴同音異義語（homophone）の場合がある。いずれのケースも文脈によって意味が特定されるが，後者の場合は，形式が与えられるならあいまい性は生じて来ない。

(2b, c) のあいまい性は構造上のあいまい性（constructional ambiguity）と呼ばれる。(2b) では「小さな女の子の学校」と「女の子の小さい学校」のように small が girls を修飾するか school を修飾するかの構造形式の違いによってあいまい性が生じる。(2b) の場合は句の構造上のあいまい性であるが，small talk のように「つまらない話」か「雑談」かのように句と複合語の音韻上のあいまい性もあり，強勢に注意する必要がある（2.5 節と 6.3 節を参照）。

第 7 章 意味論

（2c）は「ニワトリが何かを食べる用意が出来ている」と「誰かがニワトリを食べる用意が出来ている」の，2 つの解釈が可能な文である。Hofmann（1993: 254）によると，chicken を alligator に換えると，前者の意味の可能性が高くなることが指摘されている。それは，一般的には人はワニを食べる習慣がないので，この文化的な背景から後者の意味の可能性が低くなり，結果として，前者の可能性が正しい解釈として予測されるからである。したがって，（2c）のようなあいまいな文の意味を正しく捉えるためには，構文上の知識と併せて話し手や聞き手の背景的知識が必要になる。実際のところ，語や文の意味を正しく捉えるには話し手の意図も探る必要があろう。

例えば，話し手が「犬」の話をしていても，どの犬について話しているかを聞き手が知っている場合と知らない場合では情報量に違いが見られ，理解度も異なってくる。また，話し手が「犬」を文字どおりの意味で使用しないで「あいつは敵の犬だ」のような比喩的な使い方をする場合もあるだろう。したがって，語や文の意味を正確に捉えるには話し手や聞き手に関する知識や語用論的な知識（第 8，第 9 章を参照）が必要になる。

形式との関連で語の意味を捉える場合，他の語との意味関係を明確にすることによってもとの語の意味が明らかになる場合がある。例えば，「犬」という語自体は，どんなタイプの犬かどんな色をしているのかなどについては言及していないが，セントバーナード犬であるとかコリー犬であるというとその犬を知っている人はイメージとして理解しやすくなる。

2 つの語の X と Y がある場合，X is a kind of Y の意味関係が成立すると X は Y の下位語（hyponym）と言い，Y は X の上位語（superordinate）となる。すなわち，セントバーナード犬やコリー犬は「犬」という語の下位語になり，「犬」はセントバーナード犬やコリー犬の上位語となる。この場合，X と Y を入れ換えて「犬はセントバーナード犬の一種である」という表現はおかしくなる。

語の意味を捉える場合，このような上下関係（hyponymy）の意味を

認識することがコミュニケーションを促す手段になると思われるが，語の意味は時代と共に変化することも起こりうる。dog という語は，11 世紀半ば以前まで 現在のドイツ語の hund が用いられていた。その後，hund は hound となり「猟犬」の意味で使われている。逆に，bird は現在「鳥」という意味だが古代英語では「ひな鳥」の意味で使われていた。hund のように「犬」から「猟犬」と意味が特殊化 (specialization) する場合と bird のように「ひな鳥」から「鳥」と意味が一般化 (generalization) する場合とがある。また，nice のように古代仏語では「愚かな」の意味であったものが「よい」と意味が向上 (amelioration) したものや，逆に cunning のように古代英語では「どうすればよいか心得ている」の意味であったものが「ずるい」と意味が悪化 (pejoration) したものもある。このような歴史的な語の意味変化を理解しておくことも語の意味特質や語と語の意味関係を知る上で重要なことである。

練習問題

1. 次の語，句，文におけるあいまい性を指摘しなさい。
   (a) She saw a bank in the picture.
   (b) a light house keeper
   (c) He decided on the boat.

2. 次の語を語源辞典で調べ意味変化を述べなさい。
   (a) person (b) minister (c) undertaker (d) meat

7.2. 意味と文法形式

　この節では，意味と文法形式の関係について論じる。その際，意味というのはある文の文字どおりの意味（literal meaning）ではなくて，文法形式に見られる認知的な意味（cognitive meaning）を指している。最近の Goldberg (1995) の構文文法（Construction Grammar）による認知意味論の成果を特に紹介したい。

　学校文法では，(3) に見られるような能動態から受動態への書き換え問題や (4) に見られるような構文の書き換え問題が必ずと言っていいほどテキストの中に含まれる。

(3) a. Many people use computers every day.
　　b. Computers are used by many people every day.
(4) a. I sent a long letter to her.
　　b. I sent her a long letter.

学校文法ではこのように2つの構文間の書き換えを行うとき，文法形式がどのように変化するかにウエイトを置き，意味の変化については両構文において違いないものとして教えられるのが実情である。形式的な書き換えだけを見ていると (5b) や (5d) の受動態がなぜ不自然なのか，また，(6b) や (6d) の二重目的語構文（double object construction）がなぜ不自然なのか疑問に思える。

(5) a.　John reached the station.
　　b. *The station was reached by John.
　　c.　Mary resembles Jane.
　　d. *Jane is resembled by Mary.
(6) a.　I sent a long letter to London.
　　b. *I sent London a long letter.
　　c.　Jim bought a dress for his unborn baby.

d. *Jim bought his unborn baby a dress.

　池上（1995：115）によると，行為の主体がその行為によって行為の対象にどの程度の影響を与えるかという他動性（transitivity）の違いがあり，その違いが構文や動詞の意味によってもたらされると考える。基本的には，自動詞より他動詞の方が他動性は高くなる。また，resemble のような状態動詞（stative verb）よりも use のような行為動詞（activity verb）の方が他動性は高い。

　受動態が成立するには学校文法でいう S＋V＋O の形式だけではなく主体（主語）が対象（目的語）に影響を与えるという意味条件が必要になる。したがって，(5a) では「ジョンがその駅に着いた」と言えても，その駅はジョンによって何の影響も与えられるわけではないので (5b) の受動態が不自然と感じられる。(5c) はメアリーがジェーンに似ていることによってジェーンは精神的に嬉しいとか悲しいとか影響を受けるかも知れないが，メアリーがジェーンに似るように積極的に働きかけたわけではないので (5d) の受動態が不自然と感じられる。要するに，受動態が成立するには主体が対象に影響を与えるということ，逆に言えば，対象が主体から影響を受ける対象物（affected object）になるということが必要である。

　主体が対象に影響を与える典型的な主語は行為者（actor）であるが，その主体は必ずしも対象に目に見える行為を与えなくても（すなわち，行為者でなくても）心理的に何らかの影響を与える主体と考えられるなら (7b) のように受動態が可能になる。

(7) a. ??This house was lived in by John.
　　 b.　 This house was lived in by Napoleon.

　逆に，主体が行為者であってもその対象に影響を与えない主体となる場合，受動態に不自然さが生じる（受動文の機能的な分析に関しては，8.5 節を参照）。

(8) ?? Computers are used by me every day.

次に，(6b,d) の二重目的語構文が不自然な理由について考えてみる。二重目的語構文は，基本的には学校文法でいう S＋V＋O＋PP から S＋V＋IO＋DO に書き換えることによって生成される。PP の前置詞句は動詞の種類によって FOR タイプ（例えば，bake, call, sing），TO タイプ（例えば，give, pass, throw），OF タイプ（例えば，ask, inquire）に分かれる。

学校文法では S＋V＋O＋PP の第三文型を S＋V＋IO＋DO の第四文型に書き換えるとか，逆に第四文型から第三文型に書き換える練習を行うが，両者の構文は意味的に異なる（情報構造の観点から意味が異なる説明に関しては，8.2 節を参照）。

例えば，(4a, b) は共に「私は彼女に長い手紙を送った」となるが，(4a) の TO タイプの例は必ずしも彼女がその手紙を受け取らなくてもいい解釈が可能である。一方，(4b) は彼女はその手紙を受け取るのが普通の解釈である。すなわち，(4b) の間接目的語（IO）は受領者（recipient）になるが (4a) の to の間接目的語は必ずしも受領者になる必要はない。

池上（1995: 89）は，前置詞句の基本的な働きは移動の方向を示すことであり典型的には人間以外の無生のものが来るとし，それに対して動詞のあとに来る間接目的語は人が来るのが普通であると考える。したがって，二重目的語構文の間接目的語が (6b) のように人以外のもの（London）が来ると受領者にならないのでこの構文がおかしいと感じられる。また，この受領者は実際の受領者（actual recipient）で未来の受領者（future recipient）ではだめなので (6d) の文がおかしいと感じられる。

FOR タイプと TO タイプのある種の動詞（例えば bake, cook, make, guarantee, owe, promise など）は Goldberg（1995: 32-33）で言及されるように二重目的語構文における間接目的語が実際の受領者である必要は

ないとする（例えば，Chris baked Jan a cake のような場合，Jan がケーキを実際に受け取ったことを必ずしも意味しない）。

　Goldberg の構文文法の基本的な考え方は，語と同じように構文に意味があるとするもので，したがって，二重目的語構文自体にも，間接目的語が受領者となる give, pass のような動詞の解釈（Agent successfully causes recipient to receive patient）を典型的な解釈とし，その他の動詞に見られる間接目的語の解釈は二重目的語構文の構造的多義性（constructional polysemy）により生じると仮定する。

　語と同様に構文に意味があると仮定するなら，語の多義性があるように構文の多義性を平行して見ることが可能となる。構文文法の統語構造に対する意味指定は認知的側面を取り入れた新しい提案であるが，二重目的語構文の間接目的語が受領者と見なされない比喩的な表現もあり（例えば，The tabasco sauce gave the baked beans some flavor.），受領者の正確な定義づけについて今後さらに検討する必要があるであろう。また，上で述べた他動性という概念が二重目的語構文の間接目的語の対象にも影響を与えるのではないかという可能性も今後検討する余地があろう（Hopper and Thompson (1980)）。

練習問題

1. 次の受動態が可能かどうか考えなさい。
    (a) Nancy has blue eyes.
    (b) Nancy carries a handbag.
    (c) Nancy lifts the big box.

2. 次の二重目的語構文が不自然な理由を述べなさい。
    (a) ＊Bill brought the border a package.
    Cf.　Bill brought the boarder a package.

(b) ＊Jane slid the door the present.

Cf. 　Jane slid the present to the door.

3. 次の構文が二重目的語構文でないと不自然な理由を述べなさい。

(a) 　Bill gave Chris a headache.

Cf. ＊Bill gave a headache to Chris.

(b) 　Jane gave Tom a nudge.

Cf. ＊Jane gave a nudge to Tom.

7.3. 意味役割と辞書

　私達は英語の文章を日本語にする際に，知らない単語に出くわすとその語の意味や用法を知るために辞書を引く。辞書に記載されている項目としては，だいたい（9）に挙げたようなものが含まれている。

(9) a. 意味情報（語の意味）

　b. 音韻情報（発音記号）

　c. 形態情報（品詞）

　d. 統語情報（文型）

　（9）の括弧内に示したものが具体的な辞書の情報であるが，それぞれの情報は相互に関連していることがわかる。例えば，（10）に示した slow の語の意味を捉えるためには品詞情報が必要となる。

(10) a. She is a slow runner.（slow は形容詞で「遅い」の意味）

　b. Drive slow.（slow は副詞で「ゆっくりと」の意味）

　c. Slow down your car.（slow は動詞で「速度を落とす」の意味）

　d. Mr. Slow is an actor in the movie.（Slow は固有名詞）

　語の意味を載せる場合には，特に動詞に関しては主語はどのような名詞が来るのか（例えば，人間か物かなど）や，目的語を取るのかどうかの情

報が必要である。このような情報は実際，辞書の中で例文を見ると明らかになるが，もう少し厳密な記述が辞書に必要と思われる場合がある。

例えば，assassinate の意味は辞書によって多少異なるが「(人を) 暗殺する」とか「(政治家などを) 暗殺する」と出ている。「暗殺する」という言葉の意味から目的語は重要人物であることは何となく予測できるが，学生の中には前者の意味を見て (11) のような英語が可能ではないかと思ってしまう人もいるかもしれない。

(11) ?They tried to assassinate Bill.（William J. Clinton 大統領の意味では OK）

さらに，(12) からわかるように，この語には「政治的な目的のために有力な人を死んでいる状態に至らす」の意味が付加されていなければ assassinate の動詞の意味を正しく捉えることにはならない（Hofmann (1993: 235)）。

(12) a. ＊Although the Generalissimo was assassinated, he didn't die.
　　 b. ＊They assassinated the gift panda from China.
　　 c. ＊The Swedish prime minister was accidentally assassinated by a pickpocket.

語の意味を記述する際には，(9d) の統語情報として目的語を取るかどうかの情報だけではなく，assassinate の動詞に見られるようにどのような目的語を取るかの意味情報も必要である，また，動詞の意味が文の他の要素に与える意味も理解しておくことが必要である。語の意味情報や文の意味関係を捉えるために意味役割（semantic role）を指定する議論が Gruber (1965) や Fillmore (1968) 以降，活発に行われてきた（Bresnan (ed.) (1982), Jackendoff (1972, 1983, 1990))。意味役割は具体的には文中における NP（名詞句）がどのような主題関係（thematic relation）を表すかを指定したもので，主題役割（thematic role）とも呼ばれている。意味役割を指定するのは具体的には，動詞や形容詞の述語（predicate）であるが名詞や前置詞も意味役割を担うものと考えられる（Hofmann（1993）の11章を参照）。

意味役割は文の情報としてどのようなものを提供し，主語や（前置詞の）目的語の概念とどういう点が異なるのか次に見てみよう。

(13) a. <u>My father</u> sold <u>the car</u> to <u>Tom</u>.
　　　　　起点　　　　　主題　　　着点

　　b. <u>Tom</u> bought <u>the car</u> from <u>my father</u>.
　　　　着点　　　　　主題　　　　　起点

　　c. <u>John</u> put <u>the hammer</u> on <u>the table</u>.
　　　　動作主　　　　主題　　　　　場所

　　d. <u>Mary</u> broke <u>her left arm</u> yesterday.
　　　　経験者　　　　主題

起点（Source）は着点（Goal）と対になる概念で，(13a)の表現で言えば車を売るという行為によって移動する実体，すなわち車が主題（Theme）となり，車の出発点となるのが起点で，車の移動後の到着点となるのが着点となる。したがって，My fatherからTomに車を売るという行為をしたので，My fatherが起点でTomが着点になる。

(13b)の文では，車を買うという行為によって車が誰から誰に移動したかを考えると，My fatherが起点となりTomが着点となる。(13a, b)の主語と前置詞の目的語に来る語はちょうど逆になるが，両者の主題関係はMy fatherからTomに車が移動した点において共通である。下線部のNPを主語や（前置詞の）目的語の関係から語の意味分析を行うだけでは，(13a, b)の類似したこの意味関係を捉えることができない。しかし，意味役割を指定することによって，NPに共通の主題関係が成立し，両構文の意味的類似性が捉えられる。

(13c)では，putが3つの意味役割を義務的に持つと言われている。と

いうのは，＊John put the hammer（ジョンはハンマーを置いた）や＊put the hammer on the table（テーブルの上にハンマーを置いた）のように1つでも意味役割が欠けると文法的ではないと見なされるからである。しかし，日本語では（13c）においてハンマーを置くという動作が行なわれる場所（Location）や動作を行う実体，すなわち動作主（Agent）の意味役割を担う要素が欠けても不自然ではない。英語と日本語の動詞の意味役割の違い（項構造（argument structure）の違いとも言う）を理解しておくことは，日英語比較の観点から文構造を正しく認識する上で必要なことである。

　（13d）では，break の主語の意味役割は典型的には John broke the window に見られるように動作主と見なされる。しかし，（13d）における Mary は骨折を経験したのであって，骨折を行ったのではない。したがって，Mary の主語は経験者（Experiencer）の意味役割を担っていると考えられる。

　ここで大事なのは，主語の意味役割は動詞がその意味を決定するというより，動詞句全体で意味が決定される点である。このように文の意味は部分的語の意味を組み合わせて決定されるのではないことがわかる。その典型が（14a）に挙げた慣用句（Idiom）である。

(14) a. Jim cooked his goose.（ジムは自分のチャンスをつぶした）
　　 b. Jim ate his goose.（ジムは自分のガチョウを食べた）

　（14b）の文全体の意味は個々の語を組み合わせて理解することができる。このように形式的に個々の語を組み合わせることによって文全体の意味が決定されることを合成の原理（Principle of Compositionality）というが，（14a）の解釈を行うには動詞句全体の意味を慣用句として理解しなくてはならない。

　動詞の意味役割としていくつの項構造をとるか，これは辞書の情報として必要なことであるが，（13d）の主語の意味役割や（14a）の慣用句の意

味を決定するには動詞句全体の情報が辞書に記載されなければならない。さらに，(12)で指摘したように，主語や（前置詞の）目的語の意味役割以外の情報も動詞の意味役割として辞書に記載される必要があるであろう。また，7.2 節で言及した構文文法の観点から見るなら，構文の意味情報も動詞の意味情報として辞書に記載される必要があるであろう。辞書の情報が単なる語の情報だけではなく，人間の脳の中にある心的辞書（Mental Lexicon）を反映させるには，当然人間の認知的な概念や知識の情報も辞書の中に含まれるのが望ましいことである。

練習問題

1. 次の各文の下線部における意味役割を指定しなさい。
   (a) John ate grapes in the garden.
   (b) i. Mary opened the door with the key.
       ii. The door was opened by Mary.
       iii. The key opened the door.
   (c) i. Tom rented the apartment from Jane.
       ii. Jane rented the apartment to Tom.

2. 次の rob と steal の例文を見て，どのような意味役割を目的語に指定すればよいか考えなさい。
   (a)　The man robbed the bank of money.
   (b)　*The man robbed money from the bank.
   (c)　*The man stole the bank of money.
   (d)　The man stole money from the bank.

7．4．意味と認知

　7.1 節で指示物が現実の世界に存在しない対象（unicorn, the present king of France）でも意味があることを指摘した。意味を現実の世界の指示物に求める指示理論（Referential Theory）の立場では可視的な対象しか捉えることは出来ない。現実の世界には不可視的なものも多く存在する。このような語に対してはメンタルな（＝内的な）イメージとして語の意味を捉えることができる。

　Katz and Postal（1964）や Nida（1975）による分析は，語の内在的な意味をプラス（＋）とマイナス（－）の二項対立的な意味素性（semantic feature）として定義する。彼らの分析は語と語の意味関係を的確に捉える点で意味がある。例えば，bachelor（未婚の男性）と spinster（未婚の女性）の意味関係は（15）の意味素性から明らかである。

(15) bachelor : [＋human], [＋male], [＋adult], [－married]
　　　spinster : [＋human], [－male], [＋adult], [－married]

　すなわち，男性［＋male］か女性［－male］かという点で意味的対立があり，人間［＋human］で，大人［＋adult］で，未婚［－married］であるという点において共通の意味を持つ。

　(15) の意味素性による分析は語と語の組み合わせや文における選択制限（selectional restriction）を的確に捉える点でも意味がある。

(16) a. ＊an unmarried bachelor
　　 b. ＊a married bachelor
　　 c. ＊an infant bachelor

(17) ＊Sincerity admires Mary.

　(16a) は，bachelor の意味素性として［－married］がすでに含まれている。したがって，unmarried で修飾すると 2 つの語の意味関係は余剰的（redundant）になる。(16b, c) は，bachelor を修飾する形容詞が

[＋married]，[－adult] を意味する語なので bachelor そのものの意味素性，[－married]，[＋adult] と矛盾（contradiction）する。(17) は，admire の主語として [＋human] が来ることを要求している。

　このような意味素性に基づく成分分析（componential analysis）は (16) や (17) の事実を明確にする長所があるが，語の意味を二項対立的に捉えようとするところに，定義上無理が生じる。

　例えば，「若い」や「速い」の形容詞を二項対立的に捉えるとなると，[＋young] vs. [－young]，[＋fast] vs. [－fast] となり，「若くない」「速くない」となってしまう。しかし，現実的には「少し若い」や「非常に速い」に見られるように「若さ」や「速さ」にも段階があるのが普通である。語の意味を二項対立的に分析する際に，意味素性をどのように決定するのが妥当かという問題は，その語があいまいな（fuzzy）概念であればあるほど定義が複雑になる。仮に二項対立的に意味素性を決定できたとしても，まだ意味的に語の本質が捉えられない場合がある。

　Armstrong *et al*. (1983) によると「奇数」と「偶数」の概念は数学的には二項対立的な要素であるが，より奇数らしい数字や偶数らしい数字があると主張する。例えば，3 と 447 の数字は共に奇数であるが 3 の方がより奇数らしく思えるそうである。また，偶数に関しても 2 や 4 と 806 を比べれば 2 や 4 の方がより偶数らしく思えるそうである。ここには，同じ意味素性でありながら奇数であるか偶数であるかを認識する時間の差が生じている。

　ある語の意味を認識する際に，二項対立的な意味素性によって等質的に捉えることができないことはプロトタイプ意味論学者によって指摘されている（Wittgenstein (1953), 吉村 (1995), Taylor (1995)）。彼らの共通の認識は，ある語の範疇化（categorization）を行う際に，その語の属性を典型（プロトタイプ）から周辺に意味を段階的に捉える立場である。例えば，「鳥」という概念は「飛行」「羽毛」「翼」「くちばし」「産卵」「夜行性」などの属性があるが，これらの属性のどれを満たしていれば「鳥」と

言えるのか疑問である。実際のところ，一部の属性を満たしていなくても「鳥」と言えないことはない。なぜなら，ペンギンやニワトリは「飛行」できないが，それでも「鳥」以外の範疇を仮定することは難しい。コウモリは「産卵」しないが，それでも「鳥」のようにも見える。カラスはペンギンより視覚的に鳥らしく見えるが，ニューカレドニアには枝を道具にして幼虫を捕まえるカラスや，犬のような高い鳴き声を出す飛べない鳥のカグーがいる。このニューカレドニアガラスやカグーを「鳥」の範疇として捉えるなら，環境的な違いに基づく個別的な属性も加わることになる。いずれにしても，コウモリよりはペンギンが，ペンギンよりはオウムが，オウムよりはツグミがより鳥らしいと感覚的に思われるのは，典型的な鳥の属性の集合体にツグミが位置し，新しい属性が加わる度ごとに帰属性が周辺的に位置する，という認知的な作用が働くからである。

練習問題

1. 次の各文は意味的に不自然となる。意味素性に基づいてそのおかしさを説明しなさい。
    (a) a male doctor (cf. a female doctor)
    (b) Tom is a living dead man.
    (c) Colourless green ideas sleep furiously.
    (d) Jane's husband is a real bachelor.

2. 「家具」の概念としてプロトタイプなものから周辺的な属性を挙げ，具体的な家具類を示しなさい。

7.5. 意味的拡張

私たちは，life（人生）とは何か，love（愛・恋）とは何か急に尋ねられると返事に戸惑うことがある。しかし，このような問いに対し先人たちは

第 7 章 意味論

非常に簡潔な言葉で思い思いの格言を残している。

(18) a. Art is long, life is short.（学術は長く，人生は短い；Hippocrates の言葉）
   b. Life's but a walking shadow.（人生は歩く影絵にすぎない；Shakespeare の *Macbeth*，第 5 幕第 5 場）
(19) a. Love is blind, and lovers cannot see.（恋は盲目，だから恋するものの目には見ることが出来ない；Shakespeare の *The Merchant of Venice*，第 2 幕第 6 場）
   b. Love is like the measles; we all have to go through it.（恋は，はしかのようなもの，誰でも 1 度はかかる；Jerome K. Jerome の *On Being in Love*）

このような比喩的な表現は，伝統的には文学的な修辞法のメカニズムとして考えられていたが，(20) に見られるように私たちの日常的な生活の中でもよく使われる表現であることに気づく。

(20) a. head of department（部長），head of a page（ページの上部），head of a tape recorder（テープレコーダーヘッド）
   b. eye of a hurricane（台風の目），eye of a needle（針の穴），eye of a potato（じゃがいもの芽）
   c. mouth of a tunnel（トンネルの出入り口），mouth of a river（河口）

Ungerer and Schmid (1996) によると，(20) のような表現は慣習化されたメタファー（metaphor）と呼ばれ，辞書の中で形式と意味が結びつき，メタファーとして感じられない語彙化した表現であるとみなされる。メタファーは日本語で「隠喩」と訳され，(19b) や (21) のように like や as（〜as）の表現を使った「直喩」（simile）と区別されるが，どちらも事象間の「類似性」や「共通性」に着目した概念である。

(21) a. My heart is true as steel.（私の心は鋼鉄のように誠実です；Shakespeare の *A Midsummer Night's Dream*，第2幕第1場）

b. The businessman is as busy as a bee.（その実業家は（蜂のように）とても忙しい）

隠喩や直喩とは異なる，「近接性」や「隣接性」に基づく比喩表現もある。換喩（metonymy）と堤喩（synecdoche）で，（22）のような表現をいう（(22) は換喩の例で (23) は堤喩の例を示す。(22a, b) と (23a) は Taylor (1995) からの引用で，(22c, d) は Lakoff and Johnson (1980) からの引用）。

(22) a. *The kettle's boiling.*（やかんが沸騰している；容器（やかん）が内容物（水）を指す）

b. Does he own any *Picassos*?（彼はピカソを持っていますか；生産者（ピカソ）が生産物（ピカソの絵）を指す）

c. *Washington* is insensitive to the needs of the people.（ワシントンは国民の要求に対して思いやりがない；場所（ワシントン）が公共機関（米国政府）を指す）

d. *Watergate* changed our politics.（ウォーターゲートはわが国の政治を変えた；ウォーターゲート（場所）が出来事（ウォーターゲート事件）を指す）

(23) a. We need some new *faces* around here.（ここらで何人か新顔が必要だ；部分（新顔）が全体（新しい人）を指す）

b. He is a poor *creature*.（彼はあわれな奴だ；全体（生物）が部分（人）を指す）

換喩は事象間の「近接性」や「隣接性」に基づき，1つの事象を別の事象で指示する機能を持つ。例えば，(22a) の「やかん」と「水」は空間的

に近接（あるいは隣接）する関係にあるので，「やかんが沸騰している」という表現は「やかん」が「水」を指示する換喩表現となる。

一方，堤喩は全体と部分の包摂関係 (inclusion) による指示表現で，伝統的には換喩の一部として扱われてきたが，佐藤（1978）や 瀬戸（1997）のように「種」で「類」を表すとき（例えば，「米」や「パン」で「食べ物」を指す場合），「類」で「種」を表すとき（例えば，「花見」の花で「桜」を指す場合），においてのみ堤喩として扱う立場の人たちもいる。

隠喩（メタファー）と換喩（メトニミー）を比較した場合，どちらが基本的に重要な意味拡張の過程であるかについて，Taylor（1995）は換喩であると考えている。Lakoff and Johnson（1980: 36）によると換喩は単に指し示すだけの修辞的技巧ではなく，理解させるという役割も果たしている。いずれにしても，隠喩と換喩は私たちの日常的な言語活動において思考過程を形成する認知処理のプロセスである。精神のソフトウェアにおける脳のハードウェアがいかに作用しようとも，私たちの実際の身体的経験と心理的経験に基づいてこれらの概念形成がなされるのである。

練習問題

1. 日常使われるメタファーとメトニミーの例を3つずつ挙げなさい。

2. Lakoff and Johnson（1980）によると方向づけのメタファー (orientational metaphors) として，up は "happy" や "conscious" の概念と，down は "sad" や "unconscious" の概念と結びつくと考えられている。次の各文の意味を理解し，具体的に上下の方向づけとそれぞれの概念がどのように結びつくかを述べなさい。

　(a) You're in *high* spirits.
　(b) I'm *depressed*.
　(c) I'm *up* already.

(d) That *boosted* my spirits.

(e) He *fell* asleep.

参考文献

和書

池上嘉彦（1995）『＜英文法＞を考える』東京：筑摩書房.

池上嘉彦編（1996）『英語の意味』（テイクオフ英語学シリーズ 3）東京：大修館書店.

河上誓作編著（1996）『認知言語学の基礎』東京：研究社出版. [7.2 節の FR]

巻下吉夫・瀬戸賢一（1997）『文化と発想とレトリック』東京：研究社出版. [7.5 節の FR]

佐藤信夫（1978）『レトリック感覚』東京：講談社.

杉本孝司（1998）『意味論 2－認知意味論－』東京：くろしお出版.

瀬戸賢一（1995）『空間のレトリック』東京：海鳴社. [7.5 節の FR]

瀬戸賢一（1997）『認識のレトリック』東京：海鳴社. [7.5 節の FR]

吉村公宏（1995）『認知意味論の方法』京都：人文書院. [7.2 節, 7.4 節の FR]

洋書

Akmajian, A., R. A. Demers, A. K. Farmer, and R. M. Harnish (1979, 1995) *Linguistics: An Introduction to Language and Communication*. Cambridge, Mass.: MIT Press. [7.1 節の FR]

Armstrong, S. L., L. R. Gleitman, and H. Gleitman (1983) "What Some Concepts Might Not Be." *Cognition* 13, 263-308.

Bresnan, Joan (ed.) (1982) *The Mental Representation of Grammatical Relations*. Cambridge, Mass.: MIT Press.

Fillmore, Charles J. (1968) "The Case for Case." In *Universals in Linguistic Theory*, ed. by E. Bach and R. T. Harms, New York: Holt, Rinehart and Winston.

Goldberg, Adele E. (1995) *Constructions: A Construction Grammar Approach to Argument Structure*. Chicago: University of Chicago Press. [7.2 節の FR]

Gruber, Jeffrey. (1965) *Studies in Lexical Relations*. Ph. D. dissertation, MIT.

Hofmann, Th. R. (1993) *Realms of Meaning: An Introduction to Semantics*. London: Longman.

Hopper, P. J. and S. A. Thompson (1980) "Transitivity in Grammar and Discourse." *Language* 56, 251-299.

Jackendoff, Ray (1972) *Semantic Interpretation in Generative Grammar*. Cambridge, Mass.: MIT Press. [7.3 節の FR]

Jackendoff, Ray (1983) *Semantics and Cognition*. Cambridge, Mass.: MIT

Press.［7.3 節の FR］

Jackendoff, Ray (1990) *Semantic Structures*. Cambridge, Mass.: MIT Press. ［7.3 節の FR］

Katz, J. J. and P. M. Postal (1964) *An Integrated Theory of Linguistic Descriptions*. Cambridge, Mass.: MIT Press.

Lakoff, G. and M. Johnson (1980) *Metaphors We Live By*. Chicago: University of Chicago Press.（『レトリックと人生』渡部昇一他訳，東京：大修館書店, 1986.）［7.5 節の FR］

Nida, E. A. (1975) *Componential Analysis of Meaning*. The Hague: Mouton.

Ogden, C. K. and I. A. Richards (1923) *The Meaning of Meaning*. New York: Harcourt.

O'Grady, W. and M. Dobrovosky (1992) *Contemporary Linguistic Analysis I: An Introduction*.（『現代言語学入門 I』千葉修司編注，東京：松柏社, 1999.）

Taylor, John R. (1995) (Second Edition) *Linguistic Categorization: Prototypes in Linguistic Theory*. Oxford: Oxford University Press.（『認知言語学のための 14 章』辻幸夫訳，東京：紀伊國屋書店, 1996.）［7.4 節, 7.5 節の FR］

Ungerer, F. and H.-J. Schmid (1996) *An Introduction to Cognitive Linguistics*. London: Longman.（『認知言語学入門』池上嘉彦他訳，東京：大修館書店, 1998.）［7.4 節, 7.5 節の FR］

Wittgenstein, Ludwig (1953) *Philosophical Investigations*. Translated by G. E. M. Anscombe. Oxford: Basil Blackwell.（『哲学探究』藤本隆志訳，東京：大修館書店, 1976.）

第8章　機能論

8.1. 機能的構文論

　第4章と第5章では，文構造を成り立たせている原則や規則に着目して様々な英語の言語事実を説明した。このように，構文の形式面を分析する立場は形式主義（Formalism）と呼ばれる。その代表がノーム・チョムスキーが提案している生成文法である。

　一方，言語が実際に使われる際の機能面に着目して構文分析を行う立場もあり，機能主義と呼ばれている。その代表がハリデー（M.A.K. Halliday）が提案している選択体系機能文法（Systemic Functional Grammar）である（高見（1995: 3-10）を参照。語用論や社会言語学も言語の使われ方や現実の姿に焦点を当てた研究分野である）。

　形式主義と機能主義はお互いを完全に無視するのではなくて，相手側の研究成果を部分的に取り入れることがある。しかし，根本となる考え方や研究姿勢においては確固とした態度で臨んでいるというのが現状である。そういう中で誕生したのが，日本人言語学者，久野暲（すすむ）や高見健一らによって精力的に押し進められている機能的構文論（Functional Syntax）である。これは生成文法を批判する中で生まれた，機能主義に基づく統語研究である。

　機能的構文論も生成文法も構文分析を行うという点においては共通している。しかし，機能的構文論は，統語現象の説明には言語使用も重要な働きを担っているという機能主義の立場を踏まえて，生成文法の分析の不備を指摘し，より広い範囲の言語事実を説明しようとする。例えて言うと，「生成文法は欲張りすぎて，本来の守備範囲を超えて手を出している」と

批判しているのである。実際の研究の成果を見てみると，機能的構文論の守備範囲が想像以上に広いということが明らかとなってきている。両者の違いは次のようにまとめることができる（高見 (1995: 12)）。

(1)
	生成文法	機能的構文論
立場	形式主義	機能主義
目標	言語能力の解明	言語能力と言語使用の解明
分析方法	言語現象を文法に内在する原則で説明	言語現象を言語使用に係わる原則で説明
分析対象	文レベル	文レベル，および数文からなる談話

「言語使用」という表現からは，整然とした原理原則とはかけ離れた，混とんとした言語事実があるようなイメージを感じられるであろう。しかし，様々な研究を通して，言語使用や機能においても，統語論における原理原則に匹敵するようなエレガントな原理原則があって，さまざまな統語現象を理路整然と説明してくれる，ということが明らかにされている。

8.2. 文の情報構造

　機能的構文論はとりわけ情報（information）という概念を重視して，談話や構文での機能を分析する。以下，英語の文における情報構造についての基本事項を概観する。

　話し手から聞き手へ伝わる情報は均質ではなく，重要度に違いが見られる（久野 (1978: 15-20)，高見 (1995: 141)）。情報の重要度には段階があるので，「ある情報は別の情報より重要度が高い／低い」という具合に表現される。また，情報を考える際，文レベルでの情報を考える場合と，文レベルを越えた談話を考える場合がある。機能的構文論の研究において，文レベルでの情報構造が統語現象を説明する上で重要な働きを担っているということが明らかにされている。

　まず，会話においては，聞き手が知っていると思われることから話を始

め，それから知らないことを導入するという順序が自然である，ということは容易に想像できる（これは語用論の協調の原則やポライトネスと関係しているかもしれない。9.4 節と 9.5 節を参照）。聞き手がすでにわかっている情報は旧情報（old information），まだわかっていない未知のことは新情報（new information）と呼ばれる。つまり，旧情報から新情報への流れが自然な談話であると言えよう。これを情報の重要度を用いて言い換えると，旧情報は既知の情報なので重要度は低く，新情報は話者が聞き手に伝えたい部分であるから，重要度は高いということになる。つまり，重要度が低い情報から高い情報へと流れる配列が自然な談話である。そこで，情報の順序は次のような原則に従っていると考えられる（高見（1995: 143-144））。

(2)　情報配列の原則：
重要度の低い情報を文頭にできるだけ近い位置に置き，重要度の高い情報を文末にできるだけ近い位置に置く。

例えば，(3) を通常のイントネーションで発話した場合，情報配列の原則によって，John よりも Mary が重要度が高い情報であると解釈される。

(3)　John kissed Mary.

ところが，情報配列の原則に従っていない例も見受けられる。例えば (4) のように，(3) を応答文として用いる場合である。

(4)　Jane:　Who kissed Mary?
　　　Andy:　JOHN kissed Mary.

John は答えなので焦点（focus）となり強勢（stress，大文字で表示）が置かれ，Mary よりも重要度が高い情報になる。強勢を置かれる要素の重要度は増し，他の要素よりも重要度が高いと解釈されるようになる。

以上のことを踏まえて，(5) の情報構造を検討してみよう。(5) には

(6) に示したように（少なくとも）2つの解釈が可能である（高見（1995: 137-139）を参照）。

(5) I went to Kyoto last year.
(6) a. 私が京都に行ったのは昨年です。
b. 私が昨年行ったのは京都です。

(6a) の解釈の場合は，話者は聞き手が「京都に行った」という事実は知っているが，それがいつかを知らない，ということを前提（presupposition）として発話している。つまり，(5) は When did you go to Kyoto? に対する答えとなる。したがって，last year が重要度が高い情報となり，既知の Kyoto は重要度がそれより低くなる。(6b) の解釈の場合は，話者は聞き手が「昨年どこかに行った」という事実は知っているが，その場所を知らない，ということを前提として発話している。つまり，(5) は Where did you go last year? に対する答えとなる。したがって，Kyoto が重要度が高い情報となり，既知の last year は重要度がそれより低くなる。それぞれの解釈での情報の重要度を次のように表すことができる。

(7) a. (6a) の解釈での情報の重要度
I went to Kyoto   last year
          より低い   より高い
b. (6b) の解釈での情報の重要度
I went to Kyoto   last year
          より高い   より低い

興味深いことに，時の副詞 last year を前置した (8) には (6b) の解釈しかない。言い換えると，(7b) の last year を前置することは可能であるが，(7a) では不可能である。

(8) Last year, I went to Kyoto.

時の副詞を文頭へ移動させて、主題（theme）にしたのが（8）である。主題とは文頭に置かれる要素で、それに続く要素は題述（rheme）と呼ばれる（Halliday（1994: 37-39）を参照）。主題の典型例が主語、題述の典型例が述部である。一般的に主題となるのは聞き手に了解されている事柄であるので、主題の情報の重要度は低い。したがって、（7b）の重要度が低い last year を前置することが可能となる。しかし、（7a）の重要度が高い last year を前置すると、情報配列の原則に違反してしまうので、（7a）の last year を前置することはできない。以上の理由から、（8）は（7b）から派生されたことになる。よって、（8）には（6b）の解釈しかないという帰結に至る。

　ここで注意すべきことは、（7b）では重要度が低い last year が文末にあるという語順である。これは情報配列の原則に違反している。しかし、この構文に不自然さはない。この問題はどのように解決されるのだろうか。（7a）から（8）を派生するのを阻止し、（7b）を適格な構文とするのが、談話法規則違反のペナルティーである（久野（1978: 39））。

(9) 談話法規則違反のペナルティー：
　　談話法規則の「意図的」違反に対しては、そのペナルティーとして、不適格性が生じるが、それの「非意図的」違反に対しては、ペナルティーがない。

基本的な統語構造に対して、ある規則を適用した結果、もし独立した談話法規則に違反してしまうと、それは「意図的」違反となる。

　(7a) はすでに情報配列の原則を守った情報配列を形成している。（8）を派生するためには、重要度が高い last year を前置させて、情報配列の原則を守った情報配列を崩す操作をわざわざ行うことになる。その結果、「意図的」違反があると見なされ、ペナルティーとして不適格性が生じる。したがって、last year はもとの位置にとどまざるを得ないのである。

　(7b) で重要度が低い last year が文末にあるのは意図的ではない。動

詞のあとに並べる場合，時の副詞は場所の副詞より右側に（文末に近い位置に）生じるという基本語順を導くための原則がある。言い換えると，基本語順を導くために last year は仕方なく文末に置かれている。したがって，一見すると情報配列の原則に違反しているが，それは「非意図的」違反なので，ペナルティーとしての不適格性は生じないのである。(8) を派生するために，この last year を前置させても，情報配列の原則には違反しないので，談話法規則違反のペナルティーは無関係となる。

次に名詞句の重要度について考えてみよう。名詞句は不定名詞句，固有名詞，定名詞句・代名詞の 3 種類に分類される。その情報の重要度は (10) に示したように，不定名詞句の重要度が高く，定名詞句・代名詞は低い。固有名詞はその中間的な存在である（高見 (1995: 153-154, 193-194) を参照）。

(10) 名詞句の情報の重要度：

　　　不定名詞句　＞　固有名詞　＞　定名詞句・代名詞

いくつか注意すべき点がある。第一に，3 つの分類のそれぞれの中で重要度が異なる場合がある。例えば，不定名詞句 a man は，ある男性の存在を表現したにすぎないが，a man with green eyes や a good-looking man では修飾語句が付いて，意味的に重みが増している。後者の不定名詞句の方が a man よりも重要度が高いと解釈される。

また，固有名詞は中間的なので，重要度が高い要素が出現すべき位置にも，低い要素が出現すべき位置にも現れることができる。

練習問題

1. (a) には「私が電車で行ったのは京都です」という解釈はなく，「私が京都に行ったのは電車でです」という解釈しかない。また，交通手段を表す by train は，(b) のように文頭に置くことができない。以上の

事実を文の情報構造の観点から説明しなさい。

 (a) I went to Kyoto by train.

 (b) *By train, I went to Kyoto.

2. 否定文では否定の焦点（ある特定の文または文脈の中で実際に否定されていると解釈される構成要素）は重要度が高い情報にある。これを念頭に (a) と (b) の意味の違いが明確になるよう日本語に訳しなさい。

 (a) I didn't go to Kyoto last year.

 (b) I didn't go to Kyoto by train.

3. (a) は与格構文（dative construction），(b) は二重目的語構文と呼ばれている。これらの構文は同じような意味を表すが，与格構文が基本構文で，二重目的語構文は与格構文から（変形によって）派生されると一般的に考えられている。まず，本文の (10) を参考にして，以下の4文の2つの目的語の情報の重要度を述べなさい。次に，(ai), (aii), (bi) は適格な構文であるが，(bii) は不自然になる理由を述べなさい。

 (a) i. John gave the book to a girl.

   ii. John gave a book to the girl.

 (b) i. John gave the girl a book.

   ii. ??John gave a girl the book.

8.3. 省略と後置文

8.2 節で概観した制約や原則を用いて，省略と後置文を順に分析してみよう。

文中の要素が省略されるとき，どのような原則に従っているのだろうか。直感的には，「重要度が低い情報を担う要素は省略できる」という原則が考えられる。次の会話を検討してみよう（例文中の [e] はその位置に何らかの要素が省略されていることを示す。久野（1978: 16-20）を参照）。

第 8 章　機能論

(11) A: Were you still a small girl in 1990?
　　　（あなたは 1990 年にはまだ子供でしたか）
　　B: Yes, I was still a small girl [e].
　　　（はい，まだ子供でした）

　話者 A が一番聞きたいのは still a small girl という部分である。したがって，この部分の情報の重要度が高く，in 1990 は重要度がそれより低い。事実，日本語訳からわかるように，in 1990（1990 年に）は助詞「は」に導かれ，主題として機能している。よって，話者 A の疑問文の情報の重要度は (12) のようになる。

(12) Were you　<u>still a small girl</u>　<u>in 1990</u>　？
　　　　　　　　　　より高い　　　　より低い

　話者 B の応答文では，Yes の重要度が最も高く，残りの部分の重要度はそれより低い。ただ，その中でも still a small girl は重要度がより高い。よって，話者 B の応答文の情報の重要度は (13) のようになる。

(13) <u>Yes,</u>　　I was　　still a small girl　　in 1990
　　　より高い　　　　　　より低い

　　　　　　　　　<u>　　　　　　　</u>　　<u>　　　　　</u>
　　　　　　　　　　　より高い　　　　より低い

　話者 B の応答文として，Yes の 1 語で答えることが可能である。この事実は「重要度が低い情報を担う要素は省略できる」という原則で説明が可能である。さらに，I was still a small girl in 1990 に着目すると，in 1990 の重要度が低く，(11) のようにこの句が省略される。つまり，「重要度が低い情報を担う要素は省略できる」という原則が働いているのである。

　(11) と似た，(14) の会話を考察してみよう。話者 B の応答文は不自然であると判断される。つまり，(11) では省略できた in 1990 が (14)

では省略できない。

(14) A: Were you born in 1990?
(あなたは 1990 年に生まれたのですか)
B: *Yes, I was born [e].
(はい，生まれました)

情報の重要度の観点から考察してみよう。話者は人間であることから，「生まれた」ということは自明のことであるので，(were) born は重要度が低い。話者 A の質問の焦点は in 1990 で，「いつ生まれたか」を問う文である。したがって，in 1990 の重要度がより高い。よって，話者 A の疑問文の情報の重要度は (15) のようになる。

(15) Were you   born   in 1990   ?
                 より低い より高い

話者 B の応答文では，Yes の重要度が最も高く，残りの部分の重要度はそれより低い。ただ，その中でも in 1990 は重要度がより高い。よって，話者 B の応答文の情報の重要度は (16) のようになる。

(16) Yes,   I was   born   in 1990
     より高い   より低い

                      より低い より高い

つまり，(was) born のような情報の重要度が低い要素を残したまま，それより重要度が高い要素 in 1990 を省略することはできないのである（この場合も，話者 B の答として，Yes の 1 語でも可能である。これも (17) に述べる条件で説明できる）。

これまで考察してきたことを次の条件としてまとめることができる（久野 (1978: 15-16)）。

(17) 省略はより重要度の低い情報を表す要素から，より重要な情報を表す要素へと順に行う。ただし，より重要な情報を表す要素を省略して，より重要度の低い情報を表す要素を残すことはできない。

次に，後置文について検討してみよう。後置文とは基本的な位置を離れて後置された要素を持つ構文である。例えば，(18b) は名詞句からの外置（extraposition from NP）によって (18a) から，(19b) は文体的倒置（stylistic inversion）によって (19a) から派生された後置文である。

(18) a. [NP A review [of Chomsky's book]] appeared.
b. [NP A review] appeared [of Chomsky's book].
(19) a. [John] walked [into the building].
b. [Into the building] walked [John].

情報配列の原則を踏まえると，後置文には (20) のような談話上の制約があると考えられる（高見 (1995: 192)）。

(20) 英語の後置文は，後置要素が，他の要素より情報の重要度が高いと解釈される場合にのみ，適格となる。

以下，名詞句からの外置について考えてみよう。(21) と (22) では主語名詞句からの外置が適用している。形式的には似ているが，容認性に差が生じている（高見 (1995: 141-142)）。

(21) a. A man [with blue eyes] came yesterday.
b. A man came yesterday [with blue eyes].
(22) a. A man [with blue eyes] came by train.
b. *A man came by train [with blue eyes].

8.2 節で考察したように，(21a) の yesterday は情報の重要度が高い場合がある。しかし，この文の主語 a man with blue eyes は不定名詞句

であるので yesterday より重要度が高い（(10) を参照）。さらに，主語を形成する 2 つの要素 a man と with blue eyes では後者の方が重要度がより高い。この前置詞句が修飾することによって，a man がどのような人か明確になるからである。動詞 came は「来た」という日常頻繁に起こりえる動作なので，重要度が高いとは言い難い。したがって，(21a) の情報構造は次のように表すことができる。

(23) A man　　　　　with blue eyes　　　came　　　yesterday.
　　　より高い　　　　　　　　　　　　より低い　　低い

　　　̲̲̲̲̲̲̲̲̲̲̲̲̲̲̲̲̲̲̲̲̲̲̲̲̲̲̲̲̲
　　　より低い　　　　より高い

　この中で最も重要度が高い with blue eyes が外置されて (21b) が派生される。これは (20) に従っているので，(21b) は適格な構文となる。
　次に，(22a) の情報構造を考えてみよう。手段を表す副詞句は必然的に高い情報を担う（8.2 節の練習問題を参照）。よって，(22a) の情報構造は (24) のようになる（例えば，新情報／旧情報といった二分法的な概念では，(24) のように 2 つの要素が共に重要な情報であるということを表すことができない。本章の説明で，新情報／旧情報という概念を用いない理由の一つである。高見 (1995: 141) を参照）。

(24) A man　　　with blue eyes　　　came　　　by train.
　　　　高い　　　　　　　　　　　より低い　　より高い

　　　̲̲̲̲̲̲̲̲̲̲̲̲̲̲̲̲̲̲̲̲̲̲̲̲̲̲
　　　より低い　　より高い

　名詞句からの外置によって with blue eyes が移動し，(22b) が派生される。しかし，最も重要度が高いのは by train である。最も重要度が高い要素が文末にないので，(20) によって (22b) は不適格と判断される。

練習問題

1. 話者Aの質問文だけを見ると,「強盗にあったのは,ニューヨークですか」と「ニューヨークでは,強盗にあいましたか,あいませんでしたか」の2つの解釈が可能である。しかし,話者Bの応答文は,後者の解釈の質問への答えであり,前者の解釈の質問への答えにはならない。その理由を説明しなさい。

   A: Were you robbed in New York?
   B: Yes, I was robbed [e]. （はい,強盗にあいました）

2. 次の例は形式的には本文の（18b）と類似しているが,不自然であると判断される。その理由を述べなさい。
   (a) ??A long critical and harsh review appeared of Chomsky's book.
   (b) *A review appeared of it.

3. 8.2節の練習問題（二重目的語構文の情報構造）を参考にしながら,(a)と（b）の容認性の違いを説明しなさい。
   (a) I gave a man with green eyes an interesting book yesterday.
   (b) *I gave a man an interesting book yesterday with green eyes.

4. 文体的倒置構文は主語が代名詞であってはいけないので,（b）は不適格と判断される。その理由を述べなさい。
   (a) He walked into the building.
   (b) *Into the building walked he.

8．4．情報のなわ張り理論

　神尾（1990），Kamio（1997），神尾・高見（1998）は，なわ張り（territory）という概念を用いて情報を捉え直している。概略，話し手または聞き手が自分のものと見なす情報は，情報のなわ張りに属す情報である。逆の場合は，情報のなわ張りに属さないことになる。話し手と聞き手のなわ張りにおける情報の位置づけによって，言語の表現方法が自ずと定まることになる。

　英語において情報が話し手または聞き手のなわ張りに入るための条件は，次のようにまとめられる（神尾・高見（1998: 56-57））。

(25) a. 情報が話し手または聞き手の内的直接体験によって得られたものであること。
  b. 情報が話し手または聞き手の外的直接体験によって得られたものであること。情報が他者から伝えられたもので，話し手または聞き手が信頼し得ると見なすものである場合を含む。
  c. 情報が話し手または聞き手の専門的領域またはその他の熟達した領域に係わるものであること。
  d. 情報が話し手または聞き手にとってきわめて個人的な事柄に関するものであること。話し手または聞き手自身に関する情報を含む。

例えば，話し手とその知り合いである聞き手がホテルのロビーで雑談をしている時，そこへ聞き手の母親らしき女性が現れるという状況を考えてみよう。話し手が先にこれに気づき，聞き手に知らせようと(26)を発話すると，これは奇妙に感じられる。

(26) ??That lady is your mother.

逆に，聞き手の方が先に母親の出現に気づき（話し手となって），(聞き手となった）話し手に(27)のように発話するのは自然である。

(27) That lady is my mother.

　(26) と (27) は形式的にほぼ同じなので，統語的に違いを説明することは困難である。また，登場人物は同じであるし，伝達される情報も実質的には同じである。したがって，従来の機能的な分析でも，(26) と (27) の違いを説明することは困難である。しかし，情報のなわ張り理論では自然な説明を与えることができる。

　(25d) によると，出現した女性と親子である聞き手にとって，その女性が母親であるという情報は聞き手に属する情報ということになる。そのような場合，聞き手は (27) のような直接形という表現を用いることができる。これは明確にかつ断定的に情報を表現する形である。一方，出現した女性とはあまり深い関係にない話し手にとって，その女性が聞き手の母親であるという情報は話し手に属さない。よって，(26) のような直接形を用いることはできないのである。

　しかし，直接形 (26) の代りとして (28) のように修辞的な疑問文を用いて発話するのは可能である。これは間接形と呼ばれ，表現を不明確・不確定にするような要素（I hear, seem, maybe, 修辞的な疑問文など）を含む点で直接形と異なる。これは，情報が話し手のなわ張り外にあることを示す表現法である。

(28) Isn't that lady your mother?
　　（あの女性はあなたのお母さんじゃありませんか）

　情報のなわ張りは文レベルだけでなく，語句レベルにおいても重要な役割を果たしている。例えば，英語の指示代名詞 this と that の使い分けについて考えてみよう。物理的な距離に基づいて，（話者に）近いものを指し示すときに this を用い，離れているものを指し示すときに that を用いるという使い分けは容易に想像がつく。しかし，神尾（1990: 154-164）は心理的な距離も重要であることを指摘している。

(29)	文	指示形態素	
	直接形	this	：話し手のなわ張りに係わる
	間接形	that	：話し手のなわ張り外に係わる

例えば，身近な人が外国で重傷を負ったという知らせを受けた話し手が(30)，または，(31)のように発話したとしよう。

(30) This is terrible!

(31) That is terrible!

(30) のように this を用いた場合，話し手はその悪い知らせを自分の情報のなわ張り内の情報として扱っている。よって，話し手が心理的にその出来事に深く関与しているという印象が生じる。一方，(31) のようにthat を用いた場合は，話し手はその情報を自分の情報のなわ張り外の情報として扱っている。よって，話し手はその出来事に対して冷静な中立的な態度を採っているという印象が生じる。

情報のなわ張り理論は新たな機能的・語用論的アプローチとして，さらに広範囲に適用されることが期待されている。

練習問題

1. 次の (a) は統語的には適格であるが，聞き手に対して失礼な印象を与える可能性がある。その理由を述べなさい。また，そのような印象を与えないようにするには，どうしたらよいだろうか。

 (a) Your son is a medical student at Harvard.

2. 日本語の「私，頭が痛い」は自然な文であるが，「あなた，頭が痛い」や「私，頭が痛いようよ」は不自然である。その理由を述べなさい。

8.5. 視点

　視点とは心的にどのような立場で物事を見るかということで,「カメラ・アングル」と言い換えられる。このような概念は文学作品の分析に関係があることは容易に想像がつく。しかし,久野 (1978) は言語分析でも重要な役割を果たしていると主張する。視点を言語的に表現する方法があり,それを考察することで興味深い言語の仕組みや事実が浮かび上がってくる。

　例えば,ジョンとメアリーという恋人がいて,喧嘩をしてメアリーがジョンを殴ったという状況を考えてみよう。話し手はこの出来事を表すのに,次のような文を用いることができる (久野 (1978: 129-132) を参照)。

(32) a. Then, Mary hit John.
　　 b. Then, Mary hit her boyfriend.
　　 c. Then, John's girlfriend hit him.

例文での名詞句の表現方法の異なり方は視点の置き方に対応している。
(32a) には3つの可能性があり,視点に関してあいまいである。1つ目は視点がメアリーからも,ジョンからも等距離である可能性。2つ目はメアリー寄りの視点の可能性。3つ目はジョン寄りの視点の可能性である。
　(32b) では,ジョンを表すのに her boyfriend (= Mary's boyfriend) という表現が用いられている。よって,メアリー寄りの視点で「メアリーがジョンを殴った」という出来事を見ていることになる。
　(32c) では,メアリーを表すのに John's girlfriend という表現が用いられている。よって,ジョン寄りの視点で「メアリーがジョンを殴った」という出来事を見ている。
　以上の考察を基に,視点の置き方を次のように図式化することができる。

(33)　　　　　　　　　　　HIT
　　　　　　　　MARY ──────▶ JOHN

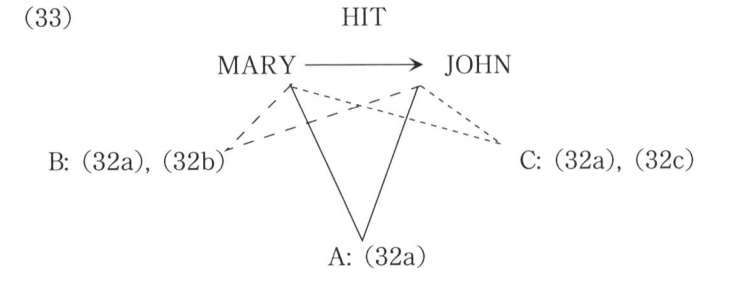

　B: (32a), (32b)　　　　　　　　　　　　C: (32a), (32c)

　　　　　　　　　　　A: (32a)

　視点は「寄っている／いない」という二分法的な概念ではなく，段階のある概念である。よって，「メアリーがジョンを殴った」という出来事を見る話者の視点はメアリー寄りになっていくと，最終的にはメアリー自身の目でその出来事を見ることになる。つまり，話者のメアリーに対する，完全な同化，完全な共感，自己同一化（identification）が生じるのである。どの程度まで視点が近付いているかという段階を表す手立てとして共感度が用いられる（久野（1978: 134））。

(34) 共感度：
　　　文中の名詞句の x 指示対象に対する話し手の自己同一視化を共感と呼び，その度合い，すなわち共感度を E (x) で表す。共感度は，値 0（客観描写）から値 1（完全な同一視化）までの連続体である。

　「x よりも y 寄りの視点」という概念は，$E(y) > E(x)$ で表される。例えば，(33) の A は中立的，客観的な視点なので $E(Mary) = E(John) = 0$，B は $E(Mary) > E(John)$，C は $E(John) > E(Mary)$ として表される。完全な同一視化の典型例は 1 人称代名詞を用いる場合である。(35) では話者のメアリーへの完全な同一視化が生じている。これは $E(I (= Mary)) = 1$ として表される。

(35)　I hit my boyfriend.

また，(32b) では E (Mary) ＞ E (her boyfriend (= John)) という関係が成立している。そこで，Mary などの対称詞 x と Mary's boyfriend などの x に依存する対称詞 f (x) がある場合，話し手の x と f (x) に対する共感度に次の関係が成立すると考えられる（久野 (1978: 135))。

(36) 対称詞の視点ハイアラーキー：
    $E(x) > E(f(x))$

以上のことを踏まえて，受動文について検討してみよう。能動文とは異なり，受動文の視点は次の性質を持つことが指摘されている（久野 (1978: 130))。

(37) 受動文の視点：
    受動文の視点は，新しい主語の指示対象寄りである。

「メアリーがジョンを殴った」という出来事を受動文を用いて記述することもできる。(38) は (32) にそれぞれ対応する受動文である。

(38) a.　　Then, John was hit by Mary.
　　 b.　　??Then, Mary's boyfriend was hit by her.
　　 c.　　Then, John was hit by his girlfriend.

能動文 (32a) には視点に関して 3 つの可能性がある。しかし，(37) によると，受動文 (38a) は John 寄りの視点になり（つまり，E (John) ＞ E (Mary))，あいまいさが消える。

(38b) が不自然な構文として判断される理由は次のように説明される。(36) によると，E (Mary) ＞ E (Mary's boyfriend (= John)) という関係が成立する。ところが，(37) の受動文の視点からは，E (Mary's boyfriend (= John)) ＞ E (Mary) という関係が成立する。この 2 つの関係をまとめると，E (Mary) ＞ E (Mary's boyfriend (= John)) ＞

E (Mary) という論理的に矛盾した関係になってしまう。(38b) が不自然であるのはこのためである。

能動文の (32c) はジョン寄りの視点であった。(37) によると，それから派生した受動文の (38c) もジョン寄りの視点である（つまり，E (John) ＞ E (Mary)）。

特に，(38b) の考察から，矛盾した視点を持つと不自然な構文になることがわかる。そこで，次のような原則が存在すると考えられる（久野 (1978: 136)）。

(39) 視点の一貫性：
単一の文は共感度に論理的矛盾した視点を含んではいけない。

(35) の説明で触れたが，人称と共感度は関係している。話者は常に自分寄りの視点を取らなければならず，他人寄りの視点を取ることができないという (40) の制約がある。これによって，(41) の不自然さを説明できるようになる（久野 (1978: 146)）。

(40) 発話当事者の視点ハイアラーキー：
1 ＝ E (1 人称) ＞ E (2・3 人称)

(41) ??Then, John was hit by me.

発話当事者の視点ハイアラーキーから E (me) ＞ E (John) という関係が成立する。しかし，(37) の受動文の視点からは E (John) ＞ E (me) という関係が成立する。これをまとめると，E (me) ＞ E (John) ＞ E (me) という矛盾した論理関係になる。これは (39) の原則に違反しているので，(41) は不自然であると判断される。

英語には，特定の文法機能を持った要素に視点を置くことを要求する表現がある。例えば，receive from (～からもらう) は主語に視点が来ることを要求する（久野 (1978: 162-163)）。

(42) a.　　I received a package from Mary.
　　　b.　　??Tom received a package from me.

　(42a) では，発話当事者の視点ハイアラーキーにより，E（I）＞E（Mary）という関係が成立する。また，receive from の視点に関する性質から，E（I）＞E（Mary）という関係が成立する。2つの関係は一貫しているので，(42a) は自然な構文として判断される。一方，(42b) では，発話当事者の視点ハイアラーキーにより，E（me）＞E（Tom）という関係が成立する。しかし，receive from の性質から，E（Tom）＞E（me）という関係が成立する。2つの関係をまとめると，E（me）＞E（Tom）＞E（me）という論理的に矛盾した関係となるので，視点の一貫性の原則に違反する。その結果，(42b) は不自然であると判断されるのである。

練習問題

1.　本文の (32) と同じ状況で，次の表現が不適格である理由を述べなさい。
　(a) ＊Then, John's girlfriend hit her boyfriend.

2.　従属節＋主節という形式の文での視点に着目して，(d) だけが不適格になる理由を述べなさい。
　(a)　When John criticized Mary, she slapped him on the face.
　(b)　When John criticized Mary, he was slapped by her on the face.
　(c)　When Mary was criticized by John, she slapped him on the face.
　(d)　＊When Mary was criticized by John, he was slapped by her on the face.

3. 以下の適格性の差を説明しなさい。
   (a) i. 　　I heard from Mary that John was sick.
   　　ii. 　　??Tom heard from me that John was sick.
   (b) i. 　　You came up to me last week and told me that you were tired of studying with me.
   　　ii. 　　*I came up to you last week and told you that I was tired of studying with you.

参考文献

和書

福地肇（1985）『談話の構造』（新英文法選書 10）東京：大修館書店.
神尾昭雄（1990）『情報のなわ張り理論』 東京：大修館書店. [8.4 節の FR]
神尾昭雄・高見健一（1998）『談話と情報構造』（日英語比較選書 2）東京：研究社出版. [4.2-4.4 節の FR]
久野暲（1978）『談話の文法』 東京：大修館書店. [8.1-8.3 節, 8.5 節の FR]
村田勇三郎（1982）『機能英文法』 東京：大修館書店. [8.1 節の FR]
大江三郎（1975）『日英語の比較研究－主観性をめぐって』 東京：南雲堂. [8.5 節の FR]
高見健一（1995）『機能的構文論による日英語比較』 東京：くろしお出版. [8.1-8.3 節の FR]
高見健一（1997）『機能的統語論』 東京：くろしお出版. [8.2 節, 8.3 節の FR]
田窪行則（編）『視点と言語行動』 東京：くろしお出版. [8.4 節, 8.5 節の FR]

洋書

Halliday, M.A.K.（1994）*An Introduction to Functional Grammar.*（Second Edition.）London: Edward Arnold. [8.1 節の FR]
Kamio, Akio（1997）*Territory of Information.* Amsterdam and Philadelphia: John Benjamins. [8.4 節の FR]
Kuno, Susumu（1980）"Functional Syntax." In E. Moravcsik and J. Werth (eds.) *Current Approaches to Syntax* (*Syntax and Semantics* 13), 117-135. New York: Academic Press. [8.2 節の FR]
Kuno, Susumu（1987）*Functional Syntax: Anaphora, Discourse and Empathy.* Chicago: The University of Chicago Press. [8.5 節の FR]
Kuno, Susumu and Ken-ichi Takami（1993）*Grammar and Discourse Principles: Functional Syntax and GB Theory.* Chicago: The University of Chicago Press. [8.1 節の FR]
Takami, Ken-ichi（1992）*Preposition Stranding: From Syntactic to Functional Analyses.* Berlin: Mouton de Gruyter.

第9章　語用論

9.1. 間接発話行為

　文を実際の場面で使用したものを発話（utterance）という。実際の場面では，話し手と聞き手が関与するので，意志伝達は両者の発話行為（speech act）によってなされる。しかし，現実の発話は必ずしも言っている内容が伝えたい内容と一致するわけではない。

　例えば，父親が息子に向かって You are a real genius, and you never pass examinations と言った場合に，父親は息子が天才であると言っているのではなく，むしろ，試験にいつも不合格となる息子に皮肉を込めて，お前は馬鹿だと反対の意味を伝えているのが実意であろう。また，Will you go to the movies with me tomorrow? の誘いに 聞き手が My mother is sick in bed と答えるなら，聞き手は 話し手に直接 No とは言っていないが間接的には同じことを相手に伝えようとしているのである。したがって，発話行為がスムーズに行われるには，文字どおりの意味とは別の，話し手や聞き手が意図する真意を理解するように努めることが必要となる。

　文の中でも平叙文（declarative sentence）は実際のコミュニケーションから離れたところでも存在するので，上の文とは異なり文字どおりの意味を持つことがある。例えば，下記の（1a, b）の文は主語の意味から述部の意味が正しい，すなわち真（true）であるといつも予測できるところから分析文（analytic sentence）と呼ばれる。その際，学問的に「地球は丸いものである」とか「バラは赤いものである」という前提（presupposition）が，すでに主語の単語内に含まれていることがこの分

析文の条件となる。一方，(1c) の言っている事柄が正しいのか間違っているのか，すなわち真か偽か（false）を確かめるには，実際アメダスの昨年のデータを参考にするなどしないといけないので，言語外の情報が必要になってくる。このように真偽を決定するのに現実の世界の情報を必要とする (1c) のような文は総合文（synthetic sentence）と呼ばれる。

(1) a. The earth is round.（地球は丸い）
　　b. The rose is red.（バラは赤い）
　　c. Kyoto had no rain last summer.（昨年の夏，京都では雨が降らなかった）

(1) の文は，真偽を決定する基準が言語内か言語外かの違いはあるものの，それぞれ真か偽かの真理値（truth value）を持つ文であり，命題（proposition）と呼ばれる。命題は，何かについて叙述する文であるが，(2) のような疑問文や命令文は (1) の平叙文と異なり，真理値を持たないので命題とは呼ばれない。

(2) a. Can you speak Japanese?
　　b. Open the window.

(2a) は，例えば外国人に対して「日本語を話せますか」と尋ねている疑問文で，相手に日本語能力があるかどうかを文字どおり「質問」するための文である。しかし，別の意味も場面（situation）を与えると可能になる。例えば，日本人のスタッフが多くいる会議の場面を想定すると「（ここでは）日本語を話してくれますか」と相手に「依頼」する意味が出てくる。また，少し特殊な場面だが，言葉を失った患者に対して「日本語を話すことができるようになりましたか」と医者が患者の言語能力を調査要請疑問（survey question, Sadock (1974)）として尋ねることも可能である。

　実際の発話では，話し手や聞き手が関与するので会話の場面や状況だけでなく，話し手や聞き手の意図や信念などの背景的知識も理解しておく必

要がある。例えば，十分に日本語能力のある外国人講師が英会話の授業では絶対に日本語を使わない信念を持っている人に対して，学生たちは彼の日本語能力を疑って「日本語，話せるの」と「疑問」を持って質問したり，友人どうしでは「彼，日本語を話せるのかなあ」(Can he speak Japanese?) と「疑問」を抱いたりするかもしれない（この点をネイティブスピーカーに尋ねると，CANに強勢を置くことによって，より「疑問」の意味が強くなるようである）。逆に，英会話の授業でありながら日本語ばかり話す講師がいたとしたら「日本語を話していいの」と上司から「警告」されるような場合もあるかもしれない。

(2a) の文を「質問，依頼，調査要請，疑問，警告」のような意味で使用する場合，発語内行為 (illocutionary act) を話し手が行ったことになる (Austin (1962) を参照)。しかし，「依頼，調査要請，疑問，警告」の意味で (2a) が使用される場合，話し手の意図を探るのに聞き手の判断が必要になる。そのような発話を間接発話行為 (indirect speech act) と言う。「質問」のように，特殊な状況を想定しなくても話し手の意図が聞き手にすぐに伝わる直接発話行為 (direct speech act) と区別される。

したがって，(2b) のように「窓を開けなさい」という命令文は，聞き手が窓を開けるかどうかは別にしても直接に発語内行為を話し手が聞き手に行っていることになる。一方，(2b) の発話の代わりに話し手が I am hot と言うなら，聞き手は話し手の文字どおりの「暑い」という意味から「窓を開けてほしい」という話し手の意図を理解するのに推論の時間が必要とされるので，間接発話行為を話し手は聞き手に行っていることになる。

実際のところ，(2b) の発話が文字どおりの意味で解釈されるには，その場に窓が存在し，現在閉まっていることが前提になる。さらに，その発話行為が適切に遂行されるには，話し手が居て窓を開けてほしいという状況があり，聞き手が居てそれを遂行できる状況があることを前提とする。

I am hot の間接発話行為においても同じようなことが前提になる。なぜなら，もし状況が変わってストーブが置いてある部屋で I am hot と発

話するなら,「ストーブを消しなさい」ということを相手に要求することになるからである。したがって,発語内行為がスムーズに行なわれるには,話し手や聞き手の背景的知識を満たす形で,すなわち適切性条件 (felicity condition) を踏まえた形で発話行為が遂行されることが必要である(適切性条件に関しては, Austin (1962), Searle (1969), Gordon and Lakoff (1971) を参照)。

練習問題

1. Do you know what time it is now? は What time is it now? の間接発話行為であるが,時間を尋ねる「質問」以外のどのような発語内行為の遂行があるか考えなさい。

2. 次の各文が分析文になるか総合文になるか答えなさい。
    (a) A car is an automobile.
    (b) My mother is a doctor.
    (c) I bought a white Mercedes yesterday.

3. It's cold in here の文字どおりの意味とは別の,間接発話行為としての話し手の意図を,具体的な状況を想定して説明しなさい。

9.2. 間接発話行為から遂行分析

　前節で述べたように,間接発話行為は文字どおりの発語内行為とは別の,発語内行為が生じるときに見られる。文字どおりの発語内行為を間接発語内行為と区別するために直接発語内行為と呼んでみよう。問題なのは,直接発語内行為が形式 (form) による典型的な意味を基準にするのか,それとも使用 (use) による典型的な意味を基準にするのかである。例えば, Can you open the window? の疑問文は形式的には「質問」を表し,相手に YES か NO の情報を求めることになるが,実際使用されるのは意味

的に「依頼」を表す方がはるかに「質問」の場合より多い。この点は，Can you speak Japanese? が「依頼」の意味より「質問」の意味の方が典型となる場合と逆である。

　Sadock (1974) によると，疑問文には純粋に相手に情報を求める純粋疑問文 (question) と要請疑問文 (requestion) とがあることを指摘する。例えば，Who discovered America? は相手に純粋に情報を求めているので純粋疑問文であるが，Tom, who discovered America, please? は相手に「質問」を尋ねるというよりも，例えば，先生が答えを知っていて生徒に答えを「要請」するという目的でなされるので要請疑問文と呼ばれる。

　Sadock の考え方を取り入れると，Can you speak Japanese? の典型的な意味は「質問」として尋ねる場合なので，純粋に相手に情報を求める純粋疑問文となる。一方，Can you open the window? は形の上では疑問文であるが意味的には Open the window, please の命令文に近いので Sadock は「要請（＝依頼）」を求める疑問命令文 (whimperative) と呼び，純粋疑問文と区別している。Sadock はもう一つの，形の上では疑問文であるが統語的には平叙文で意味的には「命令」を表す疑問平叙文 (queclarative)（例えば，Didn't I tell you to be quite? は I told you to be quite で，学校文法では修辞疑問文 (rhetorical question) と呼ばれる) を仮定している。

　Sadock の意見をまとめると，形式的には疑問文の形をしていても意味的には「質問」「要請」「命令」の3つのタイプがあることになる。最初に述べたように，間接発話行為の基になる直接発語内行為を仮定するのに，形式をベースにするか使用をベースにするかで問題が生じる。実際，どちらをベースにしても異なった問題が生じる。すなわち，形式をベースにすると，なぜ疑問命令文や疑問平叙文が「質問」の意味より「要請」や「命令」の意味を典型とするのかが説明できない。仮に，「質問」する形式をベースに置くと，Can you speak Japanese? は直接発語内行為を遂行し，Can you open the window? は間接発語内行為を遂行するという，同じ

形式でありながら異なる発話行為を行う矛盾が生じることになる。逆に，使用をベースにすると典型的な意味は，例えば，Can you speak Japanese? の場合は「質問」になり，Can you open the window? の場合は「要請（＝依頼）」となり，間接発話行為の基になる意味を決定することができない。

間接発話行為の基になる直接発語内行為を決定するのに形式をベースにするか使用をベースにするかの問題は別にして，発語内行為を明示的に遂行節（performative clause）として捉える Ross (1970) や Sadock (1974) の遂行分析（performative analysis）をここで見ることにする。

Ross や Sadock はあらゆる文は深層構造（5.1 節の D 構造に相当する）として (3) のような遂行節（下線部）があると仮定する（Levinson (1983: 244) では遂行接頭辞（performative prefixes）と呼ぶ）。

(3) a. <u>I request you to</u> open the window.
   (Can you open the window?)
  b. <u>I ask you whether</u> you can speak English.
   (Can you speak English?)
  c. <u>I state to you that</u> the earth is round.
   (The earth is round.)

遂行節の特徴は，1）主語が 1 人称単数形の I で，2）間接目的語が 2 人称の you で，3）動詞は必ず現在時制の遂行動詞（performative verb）になり，4）肯定文でなければならないのが条件である。遂行節を含む遂行文（performative sentence）であるかどうかを調べるには，hereby の副詞が遂行文に挿入できるかどうかによって判断される。

(4) a.　Bill (*hereby) promises you not to squeal.
  b.　I (?hereby) command Tom to pick up that wallet.
  c.　*Do I (hereby) promise you to be faithful?

d.　＊I don't (hereby) pronounce you man and wife.
　　e.　I (＊hereby) warned you that Bill would be shot.

(Ross (1970: 223))

　RossやSadockが遂行節を仮定する根拠は主として統語的なものであるが，その１つの動機づけを見てみよう。遂行節を含まない(5)に見られる再帰代名詞がmyself, yourself, ourselves以外の再帰形を許さないことから，遂行節を含む(6)の分布と平行すると捉え，(5)の文は(6)のような深層構造から遂行節削除（performative deletion）によって派生されると考える（Iとmyself, youとyourselfに1と2の同一指標が付与され，同一指示を表す。照応関係については5.5節を参照のこと）。

(5) a.　Solar energy was invented by God and myself/yourself/ourselves.
　　b.　＊Solar energy was invented by God and himself/herself/themselves.
(6) I_1 say to you_2 that solar energy was invented by God and $myself_1$/$yourself_2$/$ourselves_{1/2}$.

　遂行節は(5)における再帰代名詞の前方照応性（anaphoricity）を説明したり，(3)のように間接発話行為の発語内の力（illocutionary force）を明示的にする利点はある。しかし，遂行節を仮定すると深層構造から遂行節を削除する際に，遂行文(6)と命題の部分(5)において意味的に真理値の統一性が見られないという問題（Levinson (1983: 251-260)を参照）や，(7)に見られるように遂行文(7a)と命題の部分(7b)の統語的な違いが説明できないという問題が生じる。これは遂行分析自体に問題があるというより，語用論（遂行節の部分）と意味論（命題の部分）の領域を遂行分析で統一的に説明しようとするところに問題があるように思われる。

(7) a. I hereby order you to polish your boots.
　　b. *Hereby polish your boots.

　遂行節としての発語内行為の具現化は日英語において対照的である点を最後に指摘したい。Levinson (1983) の用語を使うと，英語の遂行節は遂行接頭辞である。これに対して日本語は遂行接尾辞（performative suffixes）と言えるかも知れない。Hofmann (1993: 282-283) は，(8a) のような日本語の遂行節を文接尾辞（sentence-suffixes），(8b) のような日本語の遂行節を動詞接尾辞（verb-suffixes）と呼んでいるが，(9) のように英語にも遂行接尾辞と見られる現象が生じることを指摘する（／は上昇音調を ＼ は下降音調を表す）。

(8) a. 文接尾辞：
　　　明日は晴れますか。　質問（question）
　　　明日は晴れますよ。　確信（assurance）
　　　明日は晴れますね。　同意（agreement）
　　　明日は晴れます。　　陳述（statement）
　　　明日は晴れますって。被伝達（reported）（話し手ではなく他の
　　　　　　　　　　　　　　誰かが言った）
　　b. 動詞接尾辞：
　　　さあ食べてよ。　　　提案（suggestion）
　　　さあ食べろ。　　　　直接命令（direct command）
　　　さあ食べて(下さい)。依頼（request）

(9) 文接尾辞：
　You're coming＼, aren't you／?　同意を求めるもの（desire for agreement）
　（君は来てくれるの）

　You're coming＼, aren't you＼?　確認を求めるもの（desire for admitting it）
　（君は来てくれるよね）

You're coming\, are you/ ?　　　異議・おどし（challenge/
　　（君が来るって/ 君が来るのか）　　threat）

　日本語と英語の語順の違いが遂行節の位置の違いを引き起こす。基本的には，動詞の部分に遂行の意味が現れるので日本語の場合はS+O+Vから遂行接尾辞になることが推測できる。英語の場合は，(10)が示すようにポライトネスの度合によって下線部の遂行接頭辞が現れる（ポライトネスについては，9.5節を参照）。

(10) a. Open the window.
　　　b. <u>Will you</u> open the window?
　　　c. <u>Can you</u> open the window?
　　　d. <u>Would you</u> open the window?
　　　e. <u>Would you mind</u> opening the window?

練習問題

1. 次の各文が遂行文かどうか確かめなさい。
   (a) I warned you not to go there.
   (b) I think I was wrong.
   (c) He promises to leave.
   (d) I order you to open the door.

2. please という語は発語内の力として要請の意味を持つ文に付く。次の各文に please が付くかどうか確かめ，要請の力があるかどうか述べなさい。
   (a) Are you going to open the door?
   (b) Will the door be opened by you?
   (c) Are you able to open the door?

（d）Would you open the door?

9.3. テクストと結束性

テクスト（Text）とは何か。一連の文が形式的に集まったものをテクストと呼べるであろうか。例えば，(11) と (12) の文の連続体を比較してみよう（用例は，Halliday and Hassan (1985), 筧壽雄訳 (1991:115)）。

(11) Once upon a time there was a little girl
　　 and she went out for a walk
　　 and she saw a lovely little teddybear
　　 and so she took it home
　　 and when she got home she washed it.
　　 むかしむかし小さい女の子がいた
　　 そして彼女は散歩に出かけた
　　 そして彼女はかわいい小さなくまのぬいぐるみを見つけた
　　 それで彼女はそれを家に持って帰った
　　 そして家に着いてから彼女はそれを洗った

(12) He got up on the buffalo
　　 I have booked a seat
　　 I have put it away in the cupboard
　　 I have not eaten it.
　　 彼はバッファローの背中で目を覚ました
　　 私は席を予約したところだ
　　 私はそれを食器棚にしまってしまった
　　 私はそれをまだ食べていない

ここで，完全なテクスト構造を成していなくても意味的にまとまりのある文章は (11) で，(12) は相互に意味的関連性がないことに気づく。私たちは (11) の文章にはテクスト性（textuality）があり，(12) の文章

にはそれが欠けている,と言える。それでは,そのテクスト性を作り上げている要因は何であろうか。Halliday and Hassan (1976) はこの要因を結束性 (cohesion) と呼び,次の2つの観点からテクスト内における意味の関連性を具体的に捉えようとする(本節では,文法的結束性だけを取り上げる。語彙的結束性に関しては,Halliday and Hassan (1976) の第6章を参照)。

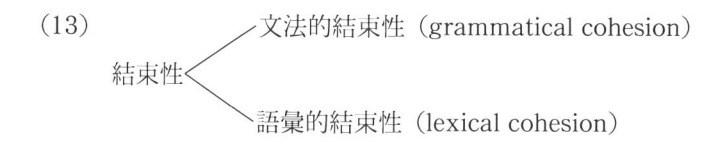

(13)　　　　　　　文法的結束性 (grammatical cohesion)
　　　結束性 ＜
　　　　　　　　　語彙的結束性 (lexical cohesion)

文法的結束性というのは,指示 (reference)・代用 (substitution)・省略 (ellipsis) の要因が具体的にテクストの中に現れることを言う。例えば,(11) の文章において2行目から5行目の she は1行目の a little girl を,4行目と5行目の it は3行目の a lovely little teddybear を指すことがわかる。一方,(12) の文章において,1行目の He は誰を指すのか,また3行目と4行目の it は,何を指しているのか同じ文章の中に同一指示の対象を探すことができない。したがって,(11) の文章は結束性があり,(12) の文章は結束性に欠けることになる。もちろん,指示対象になるのは場面の脈絡 (context of situation) としてテクスト以外に外界の対象を直接指示する (14) のような外界照応的 (exophoric) (= 直示的 (deictic)) な用法もある。

(14) a.　Mind the step. （足元に気をつけて）
　　　b.　Pass me the towel. （タオルをとって）

(Halliday and Hassan (1976: 71))

しかし,(12) の He が外界照応的に解釈されても it にはその用法がないので,it の指示を (12) のテクストの中から探すとなると依然として意味的不自然さが残ることになる(ただし,It's snowing や It's hot today

のような総称的な外界照応の用法はある。詳細は，Halliday and Hassan (1976: 53-54))。

Halliday and Hassan は指示に関して (11) のようなテクスト内照応的指示 (endophoric reference) と (14) のような外界照応的指示 (exophoric reference) を区別するが，結束性に貢献するのは前者のテクスト内照応的指示であると考える (Halliday and Hassan (1976: 37))。

テクストは意味の単位であり，文や句のような構造の単位ではない。一般的には 2 つ以上の文に見られる意味的関連性を指示・代用・省略の文法的手段に反映させてテクスト性を問題にする。Halliday and Hassan (1976) によると，代用・省略には (15), (16) に見られるようにそれぞれ 3 つのパターンがある。

(15) a. 名詞句の代用：one, ones, the same, so
　　　b. 動詞句の代用：do, do the same, do so, do it, など
　　　c. 節の代用：so, not
(16) a. 名詞句の省略
　　　b. 動詞句の省略
　　　c. 節の省略

ここでは，節の代用と名詞句の省略の例を取り上げ，結束性がどのように働くのか見てみる。節の代用語は so と not であるが，so は (17a) のように肯定の節 (there's going to be an earthquake) を表し，not は (17b) のように否定の節 (everyone has not gone home) を表す (用例は，Halliday and Hassan (1976: 130, 133))。

(17) a. Is there going to be an earthquake? − It says so.
　　　　（地震が起こるのでしょうか? − そういううわさです）
　　　b. Has everyone gone home? − I hope not.
　　　　（みんな家に帰りましたか? − 帰ってないと思いますよ）

第9章 語用論

Halliday and Hassan によると，think, believe, suppose, imagine の動詞は否定の not が主節に移動し，I don't think / believe / suppose / imagine so になる。また，不確実性を表す文脈では，so も not も節の代用になるが，確実性を表す文脈では not は節の代用になるものの so は代用されない意味的な制約が働く。この制約は日本語には働かない。

(18) a. I'm afraid so/not.
   （残念ながらそのようです/そのようではありません）

   b. I'm sure ?so/not.
   （確かにそのとおりです/そのとおりではありません）

   c. Perhaps so/not.
   （たぶんそうです/そうではありません）

   d. Certainly ＊so/not.
   （確かにそうです/そうではありません）

次に，名詞句の省略の例を見てみよう（Halliday and Hassan (1976: 155)）。

(19) a. The men got back at midnight. Both were tired out.
   （男たちは真夜中に帰ってきた。2人とも疲れきっていた）

   b. The men got back at midnight. All were tired out.
   （男たちは真夜中に帰ってきた。みんな疲れきっていた）

   c. The milk couldn't be used. ＊All was sour.
   （牛乳は使えなかった。全部酸敗していたから）

both と all は，(19a, b) に見られるように Both (the men) や All (the men) の括弧内の省略が可能である。この場合，意味としては both は「2人」を表し，all は「3人以上」を前提とする。また，both と all は特定的直示語（specific deictics）となる (the men) のすぐ前に置かれることから直示語前要素（pre-deictic）の位置を占めるが（each, some

などが each of my children, some of that pudding のように of を介して特定的直示語の前に置かれる場合と区別される），(19c) のように All (the milk) のような質量名詞句の省略は許されない。

　省略にも指示と同じように外界照応的な用法がある。例えば，ある主婦が牛乳配達人が近づいてくるのを見て Two please!（2本ちょうだい）と言えば，Two (milk bottles) please! か Two (bottles of milk) please! の括弧内を省略したものと考えられる。しかし，Halliday and Hassan (1976: 144) は指示の場合と同様に外界照応的な省略は結束性とは無関係のものとみなしている。

　これまで，テクストの結束性の要因として指示・代用・省略の具体例を見てきた。これら3つに共通して言えることは，先行する文中のある要素（ただし，指示の後方照応的（cataphoric）な用法は除く）と意味的に関係づけられる要因であるということである。代用と省略は，形式的には先行する要素を復元する機能を持ち，その意味では省略はゼロの代用を行うことになる。この点，代用や省略は代名詞や指示詞（this, that）などを先行詞と意味的に関連づける指示機能とは異なっている。いずれにしても，指示・代用・省略は，その機能があるかないかが単純に選択できる (simple options of presence or absence, Halliday and Hassan (1976: 303)) 閉じた体系に属するので文法的結束性の要因となり，語彙項目の選択（the selection of a lexical item, Halliday and Hassan (1976: 303)）を行う開いた体系に属する語彙的結束性とは区別される。

練習問題

1. 次の代用表現が可能かどうか確実性の度合を根拠に答えなさい。
   (a) They say so/not.
   (b) It seems so/not.
   (c) Surely so/not.

2. (a)はあいまいな文である。あいまいな2つの解釈を指摘しなさい。次に，(b)の文を与えると1つの解釈になるが，どのような結束性の要因によってあいまい性が生じなくなるのか説明しなさい。
   (a) Time flies.
   (b) I can't because they fly too quickly.

9.4. 協調の原則

哲学者ポール・グライス（Paul Grice）は，1967年にハーバード大学で開かれたウイリアム・ジェームズ記念講演において，「論理と会話」（Logic and Conversation）という演題で講演を行った。この講演で語用論における草分け的提案をした。その一つが協調の原則（cooperative principle）である（Grice (1989: 26) を参照）。

(20) 会話の中で発言するときは，それがどの段階で行なわれるものであるかを踏まえ，また自分の携わっている言葉のやり取りにおいて受け入れられている目的あるいは方向性を踏まえた上で，当を得た発言を行うようにすべきである。

情報を効果的に相手に伝達したい時，話し手は協調の原則を遵守しなければならない。また，聞き手の方も，話し手が協調の原則を遵守しているという前提で発話を解釈することになる。

この一般原則にかなった結果を生じさせるためには，より特定的な条件に従う必要がある。その条件として，グライスは以下に挙げる4種類の公理を提案した（Grice (1989: 26-27) を参照; maxim は「格率，公準」などと訳されることもある）。

(21) 量の公理（maxims of quantity）:
 a. （言葉のやり取りの当面の目的のための）要求に見合うだけの情報を与えるような発言を行いなさい。
 b. 要求されている以上の情報を与えるような発言を行ってはならない。

(22) 質の公理（maxims of quality）:
 a. 偽だと思うことを言ってはならない。
 b. 十分な証拠のないことを言ってはならない。

(23) 関係の公理（maxim of relation）:
 関係のあることを言いなさい。

(24) 様態の公理（maxims of manner）:
 a. あいまいな言い方をしてはならない。
 b. 多義的な言い方をしてはならない。
 c. 簡潔な言い方をしなさい（余計な言葉を使ってはならない）。
 d. 整然とした言い方をしなさい。

例えば，次の会話ではこれら全ての公理が守られている（Thomas (1995: 64) を参照）。

(25) Husband: Where are the car keys?
 Wife: They're on the table in the hall.

夫の問いに対して妻は，明確に（様態の公理），真実であること（質の公理）を答え，適切な分量の情報（量の公理）を与え，夫の質問が求めたことに的確に（関係の公理）応じている。しかし，これらの公理は常に守

られているとは限らない。実際の会話では守られていない事例も数多く見受けられるだろう。ただ，一口に「守らない」と言っても，その方法はいくつかに分類できる（Grice (1989: 30), Peccei (1999: 27-28) を参照）。

(26) a. 公理に違反する（violate; 例えば，嘘をつくことによって，(22a) に違反する）。
b. 公理の運用を拒否する（opt out; 例えば，「これ以上のことは言えない」と発言を拒否すること）。
c. 公理の衝突を引き起こす（clash; 例えば，量の公理 (21a) は守れるが質の公理 (22b) に違反してしまうような場合）。
d. 公理を無視する（flout; 何らかの効果を出すために，故意に違反する場合）。

グライスはこれらの公理を守らないことで含意（implicature）が生じることを考察している。特に，(26d) の公理の無視には，会話による含意（conversational implicature）を生じさせるという効果がある。具体例として，以下の状況を考えてみよう（Grice (1989: 33), Peccei (1999: 28-29) を参照）。

ある会社で，学生 X を文章作成能力を必要とする職に採用しようとしている。そこで，人事担当者が，X の教師に X の文章作成能力についての所見を書いてもらうことになる。そして，人事担当者は次のような（的外れな）文章を教師から受け取る。これを読めば，明確に書いてないにも係わらず，「X の文章作成能力は劣っている」という含意が得られるだろう。

(27) X has regularly and punctually attended all my classes. All his assignments were handed in on time and very neatly presented. I greatly enjoyed having X in my class.
（X は遅刻も欠席もせず，私の授業に出席しました。全ての提出

物は遅れることなく，きちんと仕上げて提出されました。Xが私のクラスにいて大変よかったと思います。）

（27）において，この教師はXに関して知っている情報を提供している。しかし，明らかに量の公理（21a）を無視している。Xの文章作成能力について知りたいという会社側の要求に見合う情報を与えていないからである。（27）を書いた教師には次のような判断があったと考えられる。

(28) a. 量の公理に従い，会社側の要求に見合うだけの情報を与えなけらばならない。
   b. 質の公理に従い，「Xの文章作成能力は劣っている」ということを会社側に伝えなけらばならない。
   c. しかし，そうするとXを傷つける可能性が出てくる。でも，「Xの文章作成能力は優れている」という嘘をつくことはできない（(26c)を参照）。
   d. そこで，量の公理を無視して，手紙の受取人が「Xの文章作成能力は劣っている」ということを推論（infer）してくれるように書くことにする。

そこで，この手紙を受け取った会社の人事担当者は，次のような順序を経て「Xの文章作成能力は劣っている」という含意を得るのである。

(29) a この教師はXの文章作成能力について知っているはずなので，故意に量の公理を無視している。
   b. この教師は会社側に返事をくれて，Xに関して述べているのだから，公理の運用を拒否しているのではない。協調の原則に従っているようだ。
   c. つまり，この教師はXの文章作成能力について触れたくない，と考えられる。それは，Xの文章作成能力が劣っているためだろう。この教師は私がこのように推論すると考えて，手紙

を書いたに違いない。
　　d. ということで，この教師は「X の文章作成能力は劣っている」ということを含意した（implicated）のだ。

　協調の原則はその後の語用論の研究のきっかけとなった。特に，関係の公理については Grice（1989: 27）自身，さらに検討の余地があると記しているが，近年，Sperber and Wilson（1986）はこの概念を発展させ，関連性（Relevance）理論を提案している。人は情報を処理するとき，それが何らかの文脈と相まって何らかの有益な結果・情報という効果をあげるように処理する。つまり，文脈と相関する場合，関連性があるという（Sperber and Wilson（1986: 122））。さらに，効果が高いと関連性も高くなり，また，処理労力が低い程，関連性が高くなる（Sperber and Wilson（1986: 125））。人は情報処理にあたって高い関連性を得ようとするのである。

　また，協調の原則に対しては問題点の指摘もあるが（田窪行則他（1999: 29-30），Thomas（1995: 87-92）を参照），語用論に留まらず，社会言語学など（田中春美・田中幸子（1996: 176-181）を参照），言語の実体を考察する分野でも頻繁に取り上げられる概念となっている。

練習問題

1. 次の会話の不自然さはどのようにして生じているか，4 種類の公理を参考にして答えなさい。
　　Peter:　Please call me a taxi.
　　　　　　（タクシーを呼んで下さい）
　　Mary:　Coffee would make me awake.
　　　　　　（コーヒーを飲むと目がさえてしまうわ）

2. 次の会話では，上記の問題と同じ応答文が用いられているが，不自然

さはない。メアリーが何を含意しているか述べ，それをどのような過程を経て含意したか述べなさい。次に，ピーターがどのようにしてメアリーの含意を推論するか，その過程を述べなさい。

 Peter: Do you want some coffee?
   （コーヒーを飲むかい）
 Mary: Coffee would make me awake.

3. 次の会話のおかしさはどのようにして生じているだろうか。また，4種類の公理は守られているか考えてみよう。
 Peter: Please call me a taxi.
 Mary: Sure. You're a taxi!
   （わかったわ。あなたはタクシーよ！）

9.5. ポライトネス

前節で指摘したように，協調の原則に従わず，情報を故意に盛り込まない場合がある。Leech (1983: 80-81) はポライトネス（politeness）という概念を用いて，このような事例を説明している（politeness は日本語の「丁寧さ」と同義でない場合があるので，本書では「ポライトネス」と訳す）。例えば，次の会話を考えてみよう（大文字は強勢が置かれていることを示す）。

（30） A: We'll all miss Bill and Agatha, won't we?
   B: Well, we'll all miss BILL.

Bの応答文は，ビルについて真実を明確に述べているので，関係の公理，質の公理，様態の公理を守っている。しかし，ビルについて述べているが，アガサについては触れていないので，量の公理を無視している。この応答文から「アガサはいなくなっても全員が淋しく思うとは限らない」という含意を引き出すことができる。もし，but not Agatha という表現を付け

加えたなら，第三者（異なる意見の持ち主）に対して失礼になるだろう。そこで，ポライトネスを優先させて，故意に協調の原則に従わなかったのである。

具体的なポライトネスの原則は次のような公理から成り立っている (Leech (1983: 132-133))。a と b は対を成している。また，これらの公理は対等ではなく，気配りの公理は寛大性の公理よりも，是認の公理は謙遜の公理よりも強制力が強い。つまり，ポライトネスは自己よりも他者に関心がより強く向けられているのである。

(31) 気配りの公理（tact maxim）
　　　a. 他者に対する負担を最小限にせよ。
　　　［b. 他者に対する利益を最大限にせよ。］

(32) 寛大性の公理（generosity maxim）
　　　a. 自己に対する利益を最小限にせよ。
　　　［b. 自己に対する負担を最大限にせよ。］

(33) 是認の公理（approbation maxim）
　　　a. 他者に対する非難を最小限にせよ。
　　　［b. 他者に対する賞賛を最大限にせよ。］

(34) 謙遜の公理（modesty maxim）
　　　a. 自己に対する賞賛を最小限にせよ。
　　　［b. 自己に対する非難を最大限にせよ。］

(35) 合意の公理（agreement maxim）
　　　a. 自己と他者との意見の相違を最小限にせよ。
　　　［b. 自己と他者との合意を最大限にせよ。］

(36) 共感の公理（sympathy maxim）
　　　a. 自己と他者との反感を最小限にせよ。
　　　［b. 自己と他者との共感を最大限にせよ。］

すると，(30) での B の応答文は，合意の公理を優先させた結果である

と考えられる。また，次の (37a) は失礼な言い方になるが，(37b) は失礼にはならない。

(37) a. You can lend me your car.
  b. I can lend you my car.

(37a) は気配りの公理 (31a)（あるいは，寛大性の公理 (32b)）に反している。一方，(37b) は気配りの公理 (31b)（あるいは，寛大性の公理 (32a)）に従っている。よって，これら 2 文の自然さに差が生じているのである（Leech (1983) や次に取り上げる Brown and Levinson (1987) の提案の問題点については Thomas (1995: 167-168, 176) を参照）。

Leech (1983) に対して，Brown and Levinson (1987: 61-62) はフェイス (face) という概念を用いてポライトネスを捉えようとしている (face は日本語の「面子，面目，体面」に対応するが，本書では「フェイス」と訳す)。

人は，他人から良く思われ，共同体の一員であると認められたいという欲求（肯定的フェイス (positive face)）と他人から邪魔されず，自由に行動したいという欲求（否定的フェイス (negative face)）を持つ。この 2 つのフェイスは FTA (face-threatening act (フェイスを脅かす行為)) と呼ばれる行為に脅かされる。したがって，相手のフェイスを傷つけないように（つまり，失礼にならないように），FTA をできる限り少なくしようと，人は次に挙げるような言語行動の選択を行うことになる。これがポライトネス・ストラテジー (politeness strategy) である (Brown and Levinson (1987: 60) を参照)。

(38) a. FTA を行わない。
  b. FTA を行う。→ (39) へ。
(39) a. 言外にほのめかす言い方をする。

b. 言外にほのめかす言い方をしない。→（40）へ。
(40) a. あからさまに言う。
　　　b. あからさまに言わない。→（41）へ。
(41) a. 肯定的フェイスを保ち，傷つけない言い方をする。
　　　b. 否定的フェイスを保ち，傷つけない言い方をする。

　第一の選択肢（38）は，FTA を行わない（つまり，相手のフェイスを全く脅かさない）か，FTA を行う（つまり，多少なりとも相手のフェイスを脅かす）か，である。FTA を行う場合は，(39)〜(41) に示したように，その程度をできるかぎり少なくする方策をとることになる。相手のフェイスを傷つける可能性の大小に応じて，(38)〜(41) の選択肢は次のように分類できる。

(42) 相手のフェイスを傷つける可能性:
　　　大　　　　　　　　　　　　　　　　　小
　　　(38a) ＞ (39a) ＞ (41b) ＞ (41a) ＞ (40a)

　相手のフェイスを傷つける可能性が大きい場合は，相手のフェイスを全く脅かさない（38a）が選ばれる。その可能性がほとんどない場合は（40a）が選ばれる。例えば，命令という行為は否定的フェイスを脅かす FTA である。命令する人とされる人を明示して（43）のように言うことはなく，（44）のように言うのが普通である。

　(43) I tell you to come here next Monday.
　(44) Come here next Monday.

　つまり，命令する人とされる人を明示化しないことで，命令という行為から生ずる FTA を少なくしようというのである。もちろん，(44) はこのままでも失礼になる場合があるので，さらに次のような表現が用いられる（(44) は (40a) の例であると考えられる）。

(45) a. It'll be wonderful if we can meet here next Monday. ((39a) の例)

　　 b. Could you come here next Monday, please? ((41b) の例)

　　 c. Sam, we should meet here next Monday. ((41a) の例)

練習問題

1. 次の例文の (i) 文は自然であるが, (ii) 文はポライトではない。その理由を (31)〜(36) の公理を用いて述べなさい。

　(a) i. How stupid of me!

　　　ii. How stupid of you!

　(b) i. How clever of you!

　　　ii. How clever of me!

2. 前節の (27) の手紙を書いた教師は, Leech のどの公理を優先させたと考えられるだろうか。また, (38)〜(41) のどれを選択したと考えられるだろうか。

3. 教師をファーストネームで呼ぶという行為について, Leech (1983) や Brown and Levinson (1987) の提案を参考にして,「ポライトである」と言えるかどうか考えなさい。Lakoff (1975: 65) の提案も参考にすること。また, この行為をポライトであるかどうかという判断は文化による違いがあるか考えてみよう。

参考文献

和書

田窪行則・西山佑司・三藤博・亀山恵・片桐泰弘 (1999)『談話と文脈』(岩波講座・言語の科学 7) 東京：岩波書店. [9.4 節の FR]

田中春美・田中幸子 (編) (1996)『社会言語学への招待』京都：ミネルヴァ書房.

安井稔・中右実・西山佑司・中村捷・山梨正明 (1983)『意味論』(英語学体系 5) 東京：大修館書店.

安井稔・中村順良 (1984)『代用表現』(現代の英文法 10) 東京：研究社出版. [9.3 節の FR]

山梨正明 (1986)『発話行為』(新英文法選書 12) 東京：大修館書店. [9.1 節, 9.2 節の FR]

洋書

Austin, John L. (1962) *How to Do Things with Words.* London: Oxford University Press. (『言語と行為』坂本百大訳, 東京：大修館書店, 1978.)

Blakemore, Diane (1992) *Understanding Utterances.* Cambridge, Mass.: Blackwell. (『ひとは会話をどう理解するか』竹内道子・山崎英一訳, 東京：ひつじ書房, 1994.) [9.4 節の FR]

Brown, P. and S. C. Levinson (1987) *Politeness.* Cambridge, UK: Cambridge University Press. [9.5 節の FR]

Gordon, G. and G. Lakoff (1971) "Conversational Postulates." *Papers from the Seventh Regional Meeting of the Chicago Linguistic Society*: 63-84. [9.1 節の FR]

Green, Georgia M. (1989) *Pragmatics and Natural Language Understanding.* Cambridge, Mass.: Lawrence Erlbaum Associates. (『プラグマティックスとは何か』深田淳訳, 東京：産業図書, 1990.)

Grice, Paul (1989) *Studies in the Ways of Words.* Cambridge, Mass.: Harvard University Press. (『論理と会話』清塚邦彦訳, 東京：勁草書房, 1995.) [9.4 節の FR]

Halliday, M. A. K. and R. Hasan (1976) *Cohesion in English.* London: Longman. (『テクストはどのように構成されるか』安藤貞雄他訳, 東京：ひつじ書房, 1997.) [9.3 節の FR]

Halliday, M. A. K. and R. Hasan (1985) Language, Context, and Text: Aspects of Language in a Social-Semiotic Perspective. (『機能文法のすすめ』筧壽雄訳, 東京：大修館書店, 1991.)

Hofmann, Th. R. (1993) *Realms of Meaning: An Introduction to Semantics.* London: Longman.

Lakoff, Robin (1975) *Language and Woman's Place.* New York: Harper & Row. (『言語と性』秋葉れいのるず訳, 東京：有信堂, 1985.) [9.5 節の FR]

Leech, Geoffrey N. (1983) *Principles of Pragmatics.* London: Longman. (『語用論』池上嘉彦・河上誓作訳, 東京：紀伊国屋書店, 1987.) [9.4 節, 9.5 節の FR]

Levinson, Stephen, C. (1983) *Pragmatics.* Cambridge, UK: Cambridge University Press. (『英語語用論』安井稔・奥田夏子訳, 東京：研究社出版, 1990.) [9.2 節の FR]

Peccei, Jean Stilwell (1999) *Pragmatics.* London: Routledge. [9.4 節, 9.5 節の

FR]

Ross, John, R. (1970) "On Declarative Sentences." In *Readings in English Transformational Grammar*, ed. by R. A. Jacobs and P. S. Rosenbaum. Waltham, Mass.: Blaisdell. [9.2 節の FR]

Sadock, Jerrold M. (1974) *Toward a Linguistic Theory of Speech Acts*. New York: Academic Press. (『発話行為の言語理論へ向けて』木下裕昭訳, 東京: 文化書房博文社, 1995.) [9.1 節, 9.2 節の FR]

Searle, John (1969) *Speech Acts: An Essay in the Philosophy of Language*. Cambridge, UK: Cambridge University Press. [9.1 節の FR]

Sperber, D. and D. Wilson (1986) *Relevance: Communication and Cognition*. Cambridge, Mass.: Harvard University Press. (『関連性理論』内田聖二他訳, 東京: 研究社出版, 1993.) [9.4 節の FR]

Thomas, Jenny (1995) *Meaning in Interaction*. London: Longman. (『語用論入門』浅羽亮一監修訳, 東京: 研究社出版, 1998.) [9.4 節, 9.5 節の FR]

第10章　日英語対照

10.1. 句構造

日本語にも英語に対応する範疇がある（ただし，Fukui (1986) は日本語には機能範疇が無いと主張している）。したがって，対応する句もある（語順の違いは X バー理論で説明される）。

(1) 語彙範疇
    a. 名詞（noun, N と略）
        i. 英語：cat, book, sky, mind, language
        ii. 日本語：猫，本，空，心，言語
    b. 動詞（verb, V と略）
        i. 英語：read, see, think, ask
        ii. 日本語：読む，見る，考える，尋ねる
    c. 形容詞（adjective, A と略）
        i. 英語：big, old, fast, beautiful
        ii. 日本語：大きい，古い，速い，奇麗な
    d. 後置詞（postposition, P と略）
        i. 英語：to, at, in, with
        ii. 日本語：へ，で，に，と（英語の前置詞に対応）
    e. 副詞（adverb, Adv と略）
        i. 英語：quickly, politely, before
        ii. 日本語：素早く，丁寧に，以前
(2) 機能範疇

- a. 屈折 (inflection, I と略)
    (動詞と共に生じるので独立した語ではない)
- b. 補文標識 (complementizer, C と略)
    - i. 英語：that, for
    - ii. 日本語：と (従属節を導く接続詞)

(3)
- a. 決定詞 (determiner, Det と略)
    - i. 英語：this, that, the
    - ii. 日本語：これ, あれ, それ
- b. 接続詞 (conjunction, conj と略)
    - i. 英語：and, but
    - ii. 日本語：と, が

(4) 句
- a. 名詞句 (noun phrase, NP と略)
    - i. 英語：my sister's cute cat
    - ii. 日本語：姉の可愛い猫
- b. 動詞句 (verb phrase, VP と略)
    - i. 英語：study English
    - ii. 日本語：英語を勉強する
- c. 形容詞句 (adjective phrase, AP と略)
    - i. 英語：very sleepy
    - ii. 日本語：とても眠たい
- d. 後置詞句 (postpositional phrase, PP と略)
    - i. 英語：at that departmentstore
    - ii. 日本語：あのデパートで (英語の前置詞句に対応)
- e. 屈折句 (inflection phrase, IP と略)
    - i. 英語：John broke the cup.
    - ii. 日本語：ジョンがコップを割った
- f. 補文標識句 (complementizer phrase, CP と略)

  i. 英語：that John broke the cup
  ii. 日本語：ジョンがコップを割ったと
 g. 副詞句（adverbial phrase, AdvP と略）
  i. 英語：very quickly
  ii. 日本語：とても素早く

　また，英語の a small girls' school のようなあいまいな表現が日本語にもあり（第 7 章の (2) を参照），その複数の意味は樹形図で表すことができる。例えば，(5) は「花粉症になった」がどの要素を修飾するかによって複数の意味が生じる。

(5) 花粉症になった姉の猫

　1 つは「花粉症になった」が「姉」を修飾し，「花粉症になった姉が飼っている猫」という意味である。もう 1 つは，「花粉症になった」が「猫」を修飾し，「姉が飼っている猫が花粉症になった」という状況を意味する。それぞれの意味を樹形図で表すと以下のようになる。

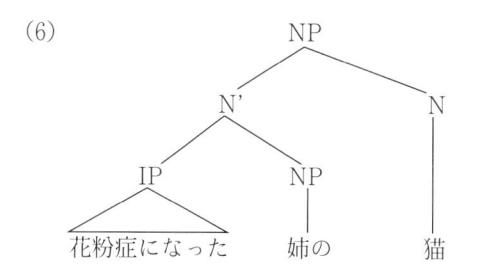

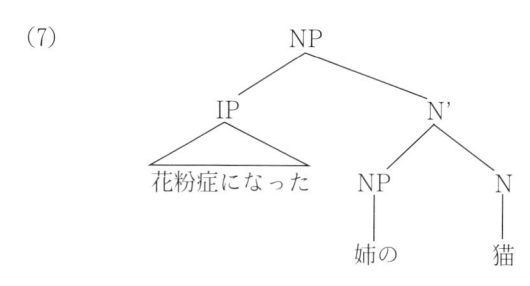

(6)
```
            NP
           /  \
          N'   N
         / \
        IP  NP
        |   |
   花粉症になった 姉の 猫
```

(7)
```
            NP
           /  \
          IP   N'
          |   / \
          |  NP  N
   花粉症になった 姉の 猫
```

しかし，主要部（X）と補部の位置に関して英語と日本語の句構造は異なっている。(8) に示したように，日本語では句の主要部は右端に，補部はその左に来るからである。それぞれの構造は (9) のような式から導くこともできる（Lasnik and Saito (1992: 43) を参照）。

(8) a.　　英語の句構造：　　　　b.　　日本語の句構造：

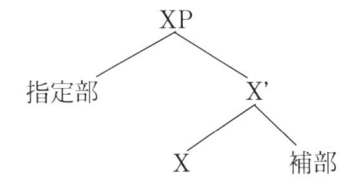

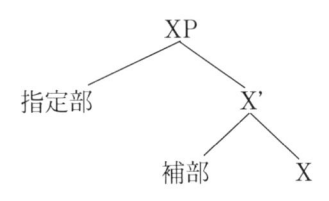

```
         XP                           XP
        /  \                         /  \
     指定部  X'                    指定部  X'
           /  \                         /  \
          X   補部                    補部   X
```

(9) a.　英語：　　　　　　　　　　b.　日本語：
　　　　XP → 指定部　X'　　　　　　　XP → 指定部　X'
　　　　X' → X　補部　　　　　　　　　X' → 補部　X

練習問題

1. 本文 (4) に挙げた日英語の句の樹形図を描きなさい。

2. 次の表現の意味を述べて，樹形図を描きなさい。
　　（a）優しい同級生の姉
　　（b）髪の長い少年と少女
　　（c）太郎が好きな少女

10.2. 文構造

　英語の場合と同様に，日本語の場合も (8b) の句構造分析が文構造にも適用できると考えて，(10) を採用する（第 4 章の (31) を参照）。

(10) 文は屈折が主要部である屈折句（inflection phrase, IP と略）である。

第10章　日英語対照

すると，(11) の構造は (12) のようになる。(13) に示したように，「割る」という動詞が I へ移動し，過去時制を表す素性 [+tense, +past] と合体して「割った」になる。

(11) 私の弟が部屋の窓を割った。

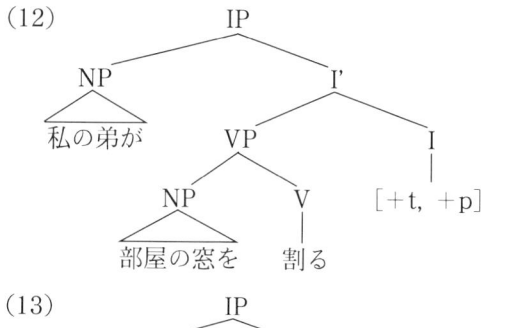

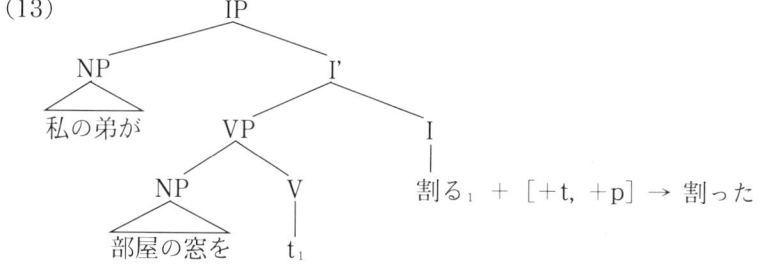

(12)
```
           IP
         /    \
       NP      I'
       |     /   \
    私の弟が  VP    I
           / \    |
          NP  V  [+t, +p]
          |   |
        部屋の窓を 割る
```

(13)
```
           IP
         /    \
       NP      I'
       |     /   \
    私の弟が  VP    I
           / \    |
          NP  V   割る₁ + [+t, +p] → 割った
          |   |
        部屋の窓を t₁
```

日英語の文構造は主要部と補部の順序に関する違いを除けば，並行的に分析ができる。しかし，数と人称の一致 (agreement) に関しては違いがある。例えば，英語では時制だけでなく主語の数と人称も動詞の形態に影響を与える。

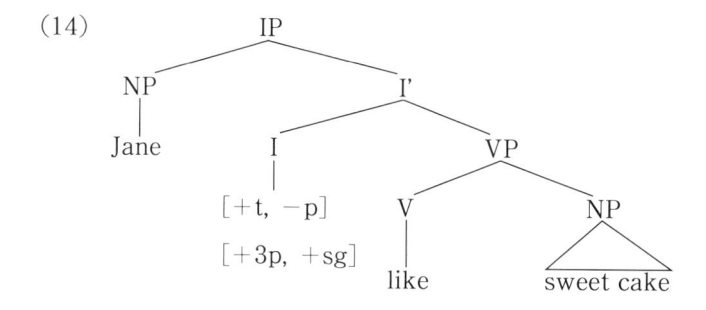

(14)
```
           IP
         /    \
       NP      I'
       |     /   \
      Jane   I    VP
             |   /  \
          [+t, -p] V  NP
          [+3p, +sg] |   |
                   like sweet cake
```

IP の指定部・主要部の一致によって，数と人称に関して IP 指定部にある主語 NP と主要部 I の間で素性照合が行なわれる。よって，主要部 I には主語 NP と同じ一致素性があることが確認される。そして，動詞 like は主要部 I に移動し，一致素性と時制素性と合体して，likes という形をとる。しかし，これに対応する現象は日本語にはない。つまり，主語 NP の数や人称で動詞の形態が変化することはなく，もっぱら時制によって決まる。この事実から，日本語には一致素性がないと考えられる（Fukui (1986) を参照）。

(15) a. 私はバスで通学します。
　　 b. 私の姉はバスで通学します。
　　 c. 私の姉と弟はバスで通学します。

補文の構造に関しても，主要部と補部の順序を除けば，英語とほぼ同じ分析が日本語にも適用できる。英語の補文標識 that に対応する日本語の補文標識は助詞の「と」である。したがって，(16) を採用し，(8b) の句構造が補文標識「と」にも当てはまると考える（第 4 章の (44) を参照）。

(16) 助詞「と」は補文標識で，これが主要部である補文標識句（complementizer phrase，略して CP）を形成する。

例えば，(17) は (18) の D 構造を持つことになる（S 構造では，動詞「言う」が移動して，過去時制を表す素性 [+tense, +past] と合体して「言った」になる）。

(17) 皆が UFO が飛んでいたと言った。

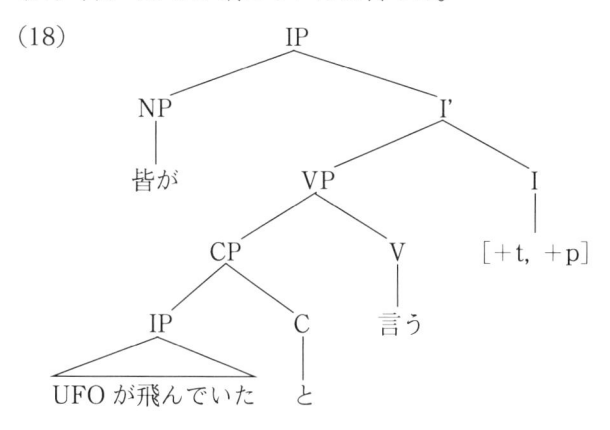

(18)

```
              IP
           /      \
         NP        I'
          |      /    \
         皆が    VP      I
               /  \      |
             CP    V   [+t, +p]
            /  \    |
          IP    C   言う
           |    |
    UFOが飛んでいた と
```

「と」に加えて，疑問を表す「か（どうか）」も補文標識と考えられる。

(19) a.　彼は［僕が間違ったと］思った。
　　 b. ＊彼は［僕が間違ったか］思った。
(20) a. ＊彼は［僕が間違ったと］尋ねた。
　　 b.　彼は［僕が間違ったか］尋ねた。

動詞「思う」の補文 CP の主要部には「か」は生じず，「と」しか生じない。しかし，動詞「尋ねる」の場合はこれとは逆になる。この違いは英語の動詞 think と ask の違いと同じである。

(21) a.　He thought [that I made a mistake].
　　 b. ＊He thought [whether I made a mistake].
(22) a. ＊He asked [that I made a mistake].
　　 b.　He asked [whether I made a mistake].

動詞「尋ねる」や ask は補文が疑問文の意味を持つことを要求するので，補文が疑問文であることを示す標識が必要となる。そこで，CP の主要部に疑問を意味する補文標識「か」や whether が生じる。一方，動詞

「思う」や think は補文に対してそのような要求をしないので，補文 CP の主要部には「か」や whether は生じず，「と」や that が現れる（5.2 節の分析を用いると，「尋ねる」や ask は補文 CP の主要部に素性［＋Q］を要求し，「思う」や think は［－Q］を要求する，と言えよう）。

練習問題

1. 次の例文の S 構造を描きなさい。
   (a) 犬が少女の手を噛んだ。
   (b) 子供たちが犬が少女の手を噛んだと叫んだ。

2. 次の例から，英語の補文標識 that の省略にはどのような統語的な制約があると考えられるだろうか。
   (a)　That man said that he was wrong.
   (b)　That man said he was wrong.
   (c)　That man said sadly that he was wrong.
   (d)　*That man said sadly he was wrong.

3. 次の例から，大阪弁の補文標識「て」の省略にはどのような統語的な制約があると考えられるだろうか。
   (a)　あんた，お兄ちゃんに明日神戸に行くて言うたん？
   (b)　あんた，お兄ちゃんに明日神戸に行く言うたん？
   (c)　あんた，明日神戸に行くてお兄ちゃんに言うたん？
   (d)　*あんた，明日神戸に行くお兄ちゃんに言うたん？

10.3. 移動と論理形式

　疑問文を派生する際，英語の場合は語順が変わる。例えば，Yes-No 疑問文を作るための主語・助動詞倒置（subject-auxiliary inversion）がその代表例である。

(23) a. The singer will come to Japan.
　　 b. Will the singer come to Japan?
　　　　（Cf. [$_{CP}$ [$_C$ Will$_1$] [$_{IP}$ the singer t$_1$ come to Japan]]）

　日本語の場合は，文末に疑問標識（question marker）である「か」（または「の」）を付加して疑問文を派生する。したがって，語順の変化は生じない。

(24) a. その歌手は日本に来ます。
　　 b. その歌手は日本に来ますか？

　補文標識「か」と同様，疑問標識「か」はCPの主要部にある。つまり，補文と同じく独立した文もCPとして分析される（第4章の(50)を参照）。例えば，(24b)は(25)のような構造を持つ。

(25) [$_{CP}$ [$_{IP}$ その歌手は日本に来ます] [$_C$ か]]

　次にWH疑問文の派生を考えてみよう。(26)のように英語ではWH疑問詞は必ず文頭に移動するが，日本語ではWH移動は生じず，(27)のようにWH疑問詞「何を」はもとの（目的語の）位置にとどまる。

(26) What$_1$ did you buy t$_1$?
(27) 君は何を買ったの？
　　　（Cf. 君は英語の辞書を買った）

　英語では主要部Cにある [+Q] という素性がWH疑問詞を引き寄せるので，見える形での移動，つまり，顕在的移動（overt movement）が

生じる。それでは，日本語では移動は全く生じないのであろうか。

　日本語では一見すると移動は生じていないが，S構造から派生される抽象的なレベルでは移動が生じていると考えられている（Huang (1982), Nishigauchi (1990) を参照）。つまり，日本語ではS構造の次の段階で，主要部Cにある素性［+Q］がWH疑問詞を引き寄せるのである。この移動は見えない移動であるので，潜在的移動（covert movement）と呼ばれている（Chomsky (1995) を参照）。潜在的移動は論理形式（Logical Form, LFと略）と呼ばれる，意味が表示されるレベルで生じる。つまり，構造の派生は次のような段階を経るのである（PFは音声形式（Phonological Form）のことで，発音が決定されるレベルである。Chomsky (1986a: 68) を参照）。

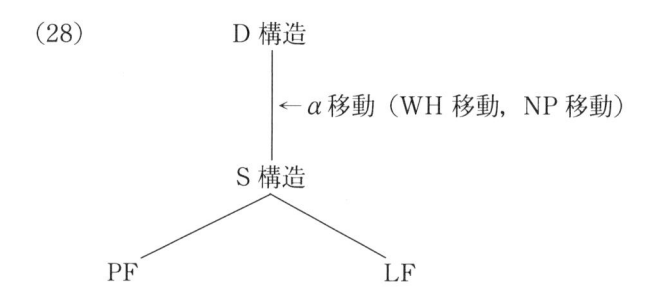

(28)　　　　　　　D構造
　　　　　　　　　　　｜
　　　　　　　　　　　←α移動（WH移動，NP移動）
　　　　　　　　　S構造
　　　　　　　　／　　　＼
　　　　　　PF　　　　　　LF

　LFで日本語のWH疑問詞は，英語の場合と同様，CPの指定部へ移動する。例えば，(27) は (29) のようなLF構造（LF structure）を持つ。

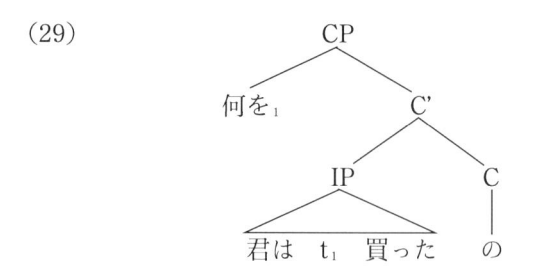

(29)　　　　　　　CP
　　　　　　／　　　＼
　　　　何を$_1$　　　C'
　　　　　　　　　／　　＼
　　　　　　　IP　　　　C
　　　　　　／｜＼　　　｜
　　　　君は　t_1　買った　の

　LFでの潜在的移動は目に見えないが，確かに移動が生じているという

ことを示す言語事実がある。5.3節で取り上げた適性束縛条件を用いて次の例文を検討してみよう。それぞれのLF構造は（b）に示した通りである。

(30) a.　彼は誰が間違ったか尋ねた。
　　 b.　[$_{IP}$ 彼は [$_{CP}$ 誰が$_1$ [$_{IP}$ t$_1$ 間違った] か] 尋ねた]
(31) a.　＊誰が僕が間違ったか尋ねた。
　　 b.　[$_{IP}$ t$_1$ [$_{CP}$ 誰が$_1$ [$_{IP}$ 僕が間違った] か] 尋ねた]

　すでに指摘したように，動詞「尋ねる」が取る補文の主要部は［＋Q］という素性を持つ。したがって，補文標識として「か」が現れる。LFにおいて，この素性がWH疑問詞をCPの指定部へ引き寄せるのである。(30)では，移動したWH疑問詞はその痕跡をC統御しているので，適性束縛条件は満たされ，この構文は適格であると判断される。一方，(31)では，主節主語のWH疑問詞が補文CPの指定部へ移動する。すると，移動したWH疑問詞はその痕跡をC統御しないので適性束縛条件に違反し，この構文は不適格と判断される。

　LFというレベルは，日本語の他の言語事実とも係わっている。例えば，(32)が示すように，英語よりも日本語の方が語順が自由であるように感じられることが多い。興味深いことに，語順が入れ替わっても基本的な（論理的な）意味は共通している。

(32) a.　山田が [$_{PP}$ 鈴木に] [$_{NP}$ メモを] 渡した。
　　 b.　[$_{NP}$ メモを] 山田が [$_{PP}$ 鈴木に] 渡した。
　　 c.　[$_{PP}$ 鈴木に] 山田が [$_{NP}$ メモを] 渡した。
　　 d.　[$_{PP}$ 鈴木に] [$_{NP}$ メモを] 山田が渡した。
　　 e.　[$_{NP}$ メモを] [$_{PP}$ 鈴木に] 山田が渡した。

　文要素の語順を自由に変える移動規則はかき混ぜ（scrambling）と呼ばれている（英語の話題化（topicalization）という規則はかき混ぜと似

ているが，様々な面で両者は異なる性質を持つ。Saito and Fukui (1998) を参照)。NP や PP だけでなく，CP もかき混ぜの適用を受ける。

(33) a. 鈴木は [CP 山田がメモを書いたと] 言った。
　　　b. [CP 山田がメモを書いたと] 鈴木は言った。

かき混ぜられた要素は IP に付加される。付加とは，付加する投射と同じものを新たに作って（ここでは上位の IP)，それに付けるという操作である。例えば，(32b) は (34) の構造を持つ。

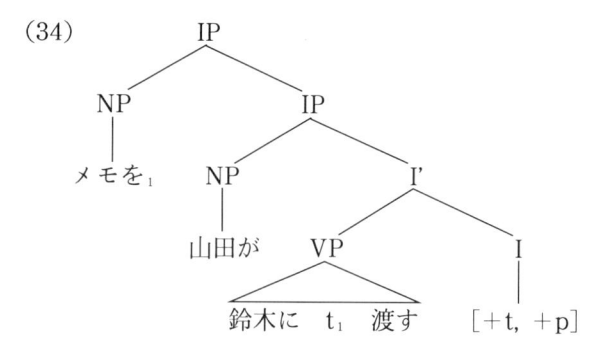

(34)
```
         IP
        /  \
       NP   IP
       |   /  \
    メモを₁ NP   I'
          |   /  \
         山田が VP   I
              /|\
           鈴木に t₁ 渡す  [+t, +p]
```

かき混ぜは移動の一種であるために，(35c) のように長距離の移動も可能である。しかし，移動に課せられる制約を守らないと非文法性が生じる。(36c) の不自然さは下接の条件に違反していることによる。

(35) a.　鈴木は [CP 山田があの花びんを割ったと] 言ったの？
　　　b.　鈴木は [CP あの花びんを₁ 山田が t₁ 割ったと] 言ったの？
　　　c.　あの花びんを₁ 鈴木は [CP t'₁ [IP 山田が t₁ 割った] と] 言ったの？
(36) a.　君は [NP [IP 山田が鈴木に渡した] メモを] 見たの？
　　　b.　君は [NP [IP 鈴木に₁ 山田が t₁ 渡した] メモを] 見たの？
　　　c.　*鈴木に₁ 君は [NP [IP 山田が t₁ 渡した] メモを] 見たの？

しかし，[+Q] などの素性による引き寄せによって生じる義務的な移

動 (obligatory movement) とは異なり，かき混ぜは自由な移動 (optional movement) である。その場合，LF において，かき混ぜられた要素はもとの位置に戻ることになる。例えば，(32) の S 構造は異なるが，LF ではすべて (32a) のような LF 構造となる。したがって，(32) の例文の語順は異なるが，すべて同じ意味を持つ構文として解釈されるのである。

かき混ぜのような自由な移動は主要部と補部の語順と関係している (Saito and Fukui (1998) を参照)。日本語のように，主要部の左側に補部が現れる言語では，左側への移動は自由に行うことができる。そのような自由な移動の代表例がかき混ぜである。一方，英語のように，主要部の右側に補部が現れる言語では，右側への移動を自由に行うことができる。その代表例が英語の重名詞句移動 (heavy NP shift) である (ただし，8.3 節で考察したように機能的な制約があることに注意)。

LF という部門は，日本語に関する事実を説明するためだけに必要なものではない。人間言語の一般的な特性として存在している。例えば，LF は英語の数量詞 (quantifier) の解釈を説明する上でも必要とされる。(38) に示したように，(37) は数量詞に関して 2 通りの解釈が可能であり，あいまいである。

(37) Everyone loves someone. (誰もが誰かを愛している)
(38) a. everyone が someone より広い解釈 (everyone $>$ someone)
　　　b. someone が everyone より広い解釈 (someone $>$ everyone)

(38a) は，誰もがそれぞれ愛している人がいるという状況を表す。例えば，John は Mary を，Tom は Carol を，Jim は Beth を愛しているという状況である。一方，(38b) は，皆がある特定の一人を愛しているという状況を表す。例えば，John, Tom, Jim の全員が Mary を愛しているという状況である。

複数の数量詞がある場合，一方が他方より広いという解釈は C 統御で

決定される（May (1977, 1985) を参照）。

(39) 数量詞 A が数量詞 B を C 統御する場合，数量詞 A が数量詞 B より広いという解釈が得られる。

すると，(37) ではすでに everyone が someone を C 統御しているので，(38a) の解釈が得られる。しかし，このままでは (38b) の解釈は得られない。そこで，LF において数量詞繰り上げ（quantifier raising）と呼ばれる移動が生じるのである。数量詞繰り上げは数量詞を最寄りの IP に付加する操作である。(37) には 2 つの数量詞があるので，次のように 2 つの LF 構造が派生される可能性がある。

(40) a. [$_{IP}$ everyone$_2$ [$_{IP}$ someone$_1$ [$_{IP}$ t$_2$ loves t$_1$]]]
　　 b. [$_{IP}$ someone$_2$ [$_{IP}$ everyone$_1$ [$_{IP}$ t$_1$ loves t$_2$]]]

(40a) では everyone が someone を C 統御しているので (38a) の解釈を表し，(40b) では someone が everyone を C 統御しているので (38b) の解釈を表している。C 統御関係は LF において決定されるので，英語においても LF は重要な働きを担っている。

練習問題

1. (35c) が下接の条件に違反していないことを確かめなさい。

2. (a)（＝(35a)）から派生された (b) が非文法的になる理由を述べなさい。
　　(a)　　鈴木は [山田が [あの花びんを] 割ったと] 言ったの？
　　(b)　＊[山田が割ったと][あの花びんを] 鈴木は言ったの？

3. 一般に (a) は文法的と判断される。この文の LF 構造を描き，(36c)

との相違点を述べなさい

　(a)　君は山田が誰に渡したメモを見たの？

10.4. 情報構造

8.2節で，英語における情報の順序は次の原則に従っていることを指摘した。

(41) 英語の情報配列の原則：
　　重要度の低い情報を文頭にできるだけ近い位置に置き，重要度の高い情報を文末にできるだけ近い位置に置く。

これに対して，日本語では，通常のイントネーションで発音された場合，動詞の直前にある要素が重要度が高い情報であると解釈される。このような情報配列は，日本語と同じOV言語（目的語＋動詞という基本語順を持つ言語で，トルコ語などがある）に広く考察される特性である（久野(1978: 56)，高見(1995: 221-224)を参照）。

(42) OV言語の情報配列：
　　動詞の直前の要素が重要度が高い情報である。

すでに第8章で指摘したように，疑問の焦点や否定の焦点は重要度が高い情報に置かれるという性質がある。そこで，次の(43)と(44)の疑問文と否定文を見てみよう。

(43) 京都に夜行バスで行ったの？
(44) 京都に夜行バスで行かなかった。

通常のイントネーションで発音された場合，(43)は行き先を問う疑問文としてではなくて，交通手段を問う疑問文として解釈するのが最も自然である。つまり，行き先が京都かどうかを問う質問というより，夜行バス

で行ったかどうかを問う質問である。また，(44)の否定文の場合，否定の焦点は動詞の直前にある「夜行バスで」に置かれ，交通手段を否定する解釈が最も自然である。以上の事実から，動詞の直前にある要素が重要度が高い情報であると言えよう。

　情報の配列に関しては，英語は(41)の原則に従い，日本語は(42)の原則に従うという違いがある。しかし，英語はVO言語，日本語はOV言語であるという事実を考慮すると，興味深い関係が見受けられる。英語の場合は，動詞を出発点として文末に近づくほど情報の重要度が増していく。一方，日本語の場合は，動詞を終着点としてそれに近づくほど情報の重要度が増していく。

　次に，8.3節での英語の省略と後置文の分析を基に，それに対応する日本語の構文を考察してみよう。まず，英語の省略は(45)の原則に従っていることをすでに見た。

(45) 省略はより重要度の低い情報を表す要素から，より重要な情報を表す要素へと順に行う。ただし，より重要な情報を表す要素を省略して，より重要度の低い情報を表す要素を残すことはできない。

以下の例から，(45)の原則が日本語でも働いていることがわかる。(46)の質問に対する答えとして，いくつかの文が考えられる。(47a)では疑問文に現れているすべての要素が省略されている。(47b, c)では部分的に省略が適用しているが，(47c)は不自然に感じられる（久野(1978: 52)）。

(46) 次郎はボストンに花子と行った？
(47) a.　　うん。
　　　b.　　うん，花子と行ったよ。
　　　c.　＊うん，ボストンに行ったよ。

まず，(47a)のような完全省略が許される理由を考えてみよう。省略が適応しない構文を用いてみると，情報の重要度は(48)のように表示できる。

(48) うん　　　ボストンに　花子と　行ったよ
　　　より高い　　　　　　より低い

　　　　　　　より低い　　より高い

応答文の中で，もっとも重要度が高いのが「うん」である。残りの「ボストンに花子と行ったよ」はこれより重要度が低いと解釈される。したがって，(47a)のように，この部分をすべて省略することができる。しかし，「ボストンに花子と行ったよ」だけに着目すると，(42)によって，動詞「行った」の直前にある「花子と」の方が「ボストンに」よりも重要度が高いと解釈される。したがって，(47b)のように「花子と」を残して「ボストンに」を省略することは可能であるが，(47c)のように「花子と」を省略して「ボストンに」を残すことはできない。

　次に，後置文について考察してみよう。英語は(49)の原則に従うことを第8章で考察した。

(49) 英語の後置文は，後置要素が，他の要素より情報の重要度が高いと解釈される場合にのみ，適格となる。

日本語では動詞が文末に現れるという構文上の特性がある。よって，(50b)のように，日本語の後置文では動詞の右側に後置された要素が生じることになる。

(50) a. 彼は花子と京都へ行ったよ。
　　　b. 彼は京都へ行ったよ，花子と。

後置文は自由に派生できるわけではない。例えば，(51)に対する応答

文として，(52a) は自然であるが，(52b) は不自然である。

(51) 太郎は花子とどこへ行ったんだ？
(52) a.　　彼は花子と京都へ行ったよ。
　　 b.　＊彼は花子と行ったよ，京都へ。

(51) の疑問詞「どこへ」に対する答え「京都へ」は重要度が高い情報である。ところが，(52b) から，そのような重要度が高い情報は後置できないことがわかる。この事実から，英語の (49) の原則と対照的な，次のような原則が日本語では働いていると考えられる（高見 (1995: 228)）。

(53) 日本語の後置文において主動詞の後ろに現れる要素は，その文中で最も重要度が高い情報を表す要素以外のものに限られる。

日本語では動詞が文末に現れ，さらに，その直前に重要度が高い情報が来る。その結果，これらの要素より後ろに後置される要素は情報の重要度が低くなる，と説明できる。

構文上の特性のために部分的には異なる点はあるが，情報の重要度という共通した概念を用いて日英語の対応する構文を分析することが可能である。近年，機能的構文論によって驚くほど広範囲の日英語の言語事実を説明できることが明らかになってきている。

練習問題

1. (aii) では「コーヒーを」を省略できるが，(bii) では省略できない。その理由を述べなさい。
   (a) i.　鈴木はコーヒーを洋子と飲み，田中もコーヒーを真理と飲んだ。
   　　 ii.　鈴木はコーヒーを洋子と飲み，田中も [e] 真理と飲んだ。
   (b) i.　鈴木はコーヒーを飲み，田中もコーヒーを飲んだ。
   　　 ii.??鈴木はコーヒーを飲み，田中も [e] 飲んだ。

2. 本文の (51) に対する応答文として, (50b) は適格かどうか考えなさい。そして, その理由を述べなさい。

3. 次の対話では応答文に不自然さがある。その理由を述べなさい。
    (a) 君は, 1980 年に生まれたんですか。
    (b) *はい, 生まれたんです。

4. (b) の後置文に不自然さがある。その理由を述べなさい。
    (a) 太郎は 1980 年に生まれました。
    (b) *太郎は生まれました, 1980 年に。

10. 5. 視点

　視点（カメラ・アングル）という概念は, 英語より日本語において言語表現として具象化する傾向が強い。8.5 節で, 英語には特定の文法機能を持った要素に視点を置くことを要求する表現があることを指摘した。例えば, receive from（〜からもらう）は主語に視点が来ることを要求する。また, (54) の 2 文の違いは, 発話当事者の視点ハイアラーキーと視点の一貫性の原則によって説明できることを考察した。

(54) a.　　I received a packege from Mary.
　　　b.　??Tom received a packege from me.
(55) 視点の一貫性：
　　　文は共感度に論理的矛盾した視点を含んではいけない。
(56) 発話当事者の視点ハイアラーキー：
　　　1 ＝ E（1 人称）＞ E（2・3 人称）

　これと同様に, 特定の文法機能を持った要素に視点を置くことを要求する日本語の表現も存在する。その代表例が, 授与動詞と呼ばれる「やる」と「くれる」である。

(57) 太郎が花子にお金をくれた。
(58) 太郎が花子にお金をやった。

(57) と (58) が表している論理的内容は同じであるが，視点に関しては次のような違いがある（久野 (1978: 140-146)，大江 (1975: 第 2 章) も参照）。

(59) 授与動詞の視点制約：
  a. 「くれる」は，話し手の視点が，主語（与える人）よりも与格目的語（受け取る人）寄りの時（E（与格目的語）＞ E（主語））にのみ用いられる。
  b. 「やる」は，話し手の視点が主語寄りか，中立の時（E（主語）≧ E（与格目的語））のみ用いられる。

例えば，(57) と (58) の違いは次のように図式化できる。

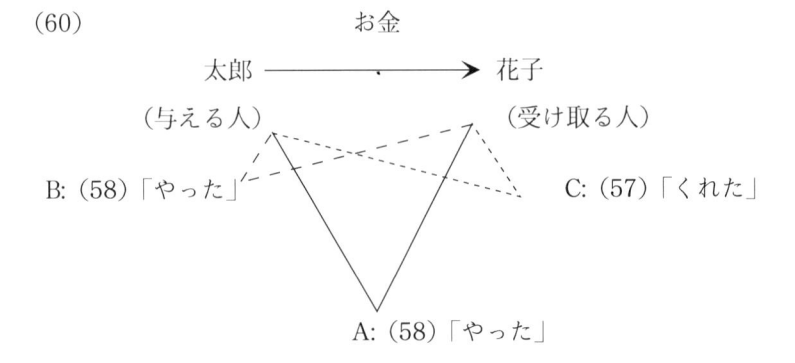

(60)　　　　　　　　お金
　　　　　太郎　————・————→　花子
　　　　　（与える人）　　　　　　（受け取る人）

B: (58)「やった」　　　　　　　　C: (57)「くれた」

　　　　　　　　　A: (58)「やった」

以上の考察を基に，次の例文を検討してみよう。

(61) a.　　太郎の兄さんが太郎にお金をくれた。
　　 b.　＊太郎が（太郎の）弟にお金をくれた。

まず，(61a) であるが，授与動詞の視点制約 (59a) によると，E（太郎）＞ E（太郎の兄さん）という関係が成立する。また，「太郎，太郎の

弟」という対称詞が用いられているので，8.5 節で取り上げた対称詞の視点ハイアラーキーの適用を受ける。よって，E（太郎）＞ E（太郎の兄さん）という関係が成立する。

（62）対称詞の視点ハイアラーキー：
　　　E（x）＞ E（f（x））

これら 2 つの関係は一貫した視点からの記述であるので，(61a) は適格と判断される。

次に，(61b) について考えてみよう。授与動詞の視点制約 (59a) によると，「くれる」は目的語寄りの視点を要求する。つまり，E（太郎の弟）＞ E（太郎）という関係が成立する。ところが，対称詞の視点ハイアラーキーによると，E（太郎）＞ E（太郎の弟）という関係が成立する。これら 2 つの関係を合わせると，E（太郎の弟）＞ E（太郎）＞ E（太郎の弟）という矛盾した関係となる。したがって，(55) の視点の一貫性に違反し，(61b) は不適格な構文と判断されるのである。

練習問題

1. 本文 (61b) と異なり，次の (a) が適格と判断される理由を述べなさい。
   (a) 太郎が（太郎の）弟にお金をやった。

2. (56) と (59) を参考にしながら，次の例文の違いを説明しなさい。
   (a) i. ＊僕が太郎にお金をくれた。
       ii. 太郎が僕にお金をくれた。
   (b) i. 僕が太郎にお金をやった。
       ii. ＊太郎が僕にお金をやった。

参考文献

和書

安藤貞雄（1986）『英語の論理・日本語の論理』東京：大修館書店.
井上和子（1976）『変形文法と日本語（上・統語構造を中心に）』東京：大修館書店. [10.2節のFR]
井上和子（1976）『変形文法と日本語（下・意味解釈を中心に）』東京：大修館書店.
井上和子（1978）『日本語の文法規則』東京：大修館書店.
久野暲（1973）『日本文法研究』東京：大修館書店. [10.2節のFR]
久野暲（1978）『談話の文法』東京：大修館書店. [10.4節のFR]
三原健一（1994）『日本語の統語構造』東京：松柏社. [10.1-10.3節のFR]
三原健一（1998）『生成文法と比較統語論』（日英語対照による英語学シリーズ3）東京：くろしお出版.
西光義弘（編）（1999）『日英語対照による英語学概論』東京：くろしお出版. [10.1-10.3節のFR]
大江三郎（1975）『日英語の比較研究 – 主観性をめぐって』東京：南雲堂. [10.5節のFR]
高見健一（1995）『機能的構文論による日英語比較』東京：くろしお出版. [10.4節のFR]
高見健一（1997）『機能的統語論』東京：くろしお出版. [10.4節のFR]

洋書

Chomsky, Noam (1986a) *Knowledge of Language.* New York: Praeger. [10.3節のFR]
Chomsky, Noam (1986b) *Barriers.* Cambridge, Mass.: MIT Press.（『障壁理論』外池滋生・大石正幸（監訳）東京：研究社, 1990.）[10.1節のFR]
Chomsky, Noam (1995) *The Minimalist Program.* Cambridge, Mass.: MIT Press.（『ミニマリスト・プログラム』外池滋生・大石正幸（監訳）東京：翔泳社, 1998.）
Culicover, Peter W. (1997) *Principles and Parameters.* Oxford: Oxford University Press.
Fukui, Naoki (1986) *A Theory of Category Projection and Its Applications.* Ph.D. dissertation, MIT. [10.1節, 10.2節のFR]
Fukui, Naoki (1995) "The Principles-and-Parameters Approach: A Comparative Syntax of English and Japanese." In *Approaches to Language Typology.* ed. by Shibatani, M. and T. Bynon, Oxford: Clarendon Press. [10.1節, 10.2節のFR]
Huang, C-T James (1982) *Logical Relations in Chinese and the Theory of Grammar.* Ph.D. dissertation, MIT.

Lasnik, H. and M. Saito (1992) *Move α*. Cambridge, Mass.: MIT Press. [10.2節, 10.3節のFR]

May, Robert (1977) *The Grammar of Quantification*. Ph.D. dissertation, MIT. [10.3節のFR]

May, Robert (1985) *Logical Form*. Cambridge, Mass.: MIT Press. [10.3節のFR]

Nishigauchi, Taisuke (1990) *Quantification in the Theory of Grammar*. Dordrecht: Kluwer Academic Publishers.

Saito, M. and N. Fukui, (1998) "Order in Phrase Structure and Movement." *Linguistic Inquiry* 29, 439-474. [10.2節, 10.3節のFR]

Tsujimura, Natsuko (1996) *An Introduction to Japanese Linguistics*. Cambridge, Mass.: Blackwell. [10.1-10.3節のFR]

索　引

【あ】

あいまい(性)　57, 116, 185
アステリスク（＊印）　2, 94

【い】

異音　100
異形態　19
一致　92, 187
一致素性　67, 188
移動　63, 75, 77, 192
意味関係　115
意味素性　128
意味の悪化　118
意味の一般化　118
意味の向上　118
意味の特殊化　118
意味特質　115
意味役割　78, 124
意味論　7, 115
隠喩→メタファー

【お】

音韻論　7, 99
音響音声学　110
音声形式　192
音節　105
音節拍リズム　110
音素　100
音調　109

【か】

外界照応的指示　168
下位語　117
外心複合語　26
階層　37, 63

下位範疇化素性　35, 50
会話による含意　173
書き換え規則　22
かき混ぜ　193
拡大投射原理　90
格フィルター　82
格理論　82
過去分詞　82
頭文字語　23
下接の条件　85, 194
学校(英)文法　1, 77, 90, 119-121
含意　173
間接疑問文　81, 189
関節形　149
間接発話行為　159, 160
換喩→メトニミー
慣用句　126
関連性　175

【き】

記述的妥当性　49
規則　1
基体　12
基体の意味変化　15
機能語　108
機能主義　6, 136
機能的構文論　136
機能範疇　55, 183
機能論　7, 136
規範文法　1
義務的な移動　81, 195
疑問標識　191
疑問文　72, 161, 191
疑問平叙文　161
疑問命令文　161
逆成　22, 107

旧情報　138, 146
境界　38
共感度　152
共時的英語学　4
強勢→文強勢
強勢移動　38
強勢拍リズム　110
強勢パターン　107
鏡像　107
協調の原則　171
共通性　131
近接性　132

【く】

句　22, 54, 56, 63, 106, 183
偶然の空白　104
屈折　14, 39, 55, 183
屈折接(尾)辞　14, 16, 20
屈折句　56, 67, 184, 186
繰り上げ構文　77, 79, 83

【け】

形式主義　136
形式主語　79
形態素　12
形態的に単純な語　17, 20
形態論　6, 12, 35
結束性　167
言語習得過程　108
言語習得能力　9
言語能力　3, 9, 137
顕在的移動　191

【こ】

語彙音韻論　37, 40
語彙的あいまい性　116
語彙範疇　55, 183
行為者　120
行為動詞　120
項構造　126

合成の原理　126
構成素　54
構造言語学　9
構造上のあいまい性　116
構造上の空白　104
構造的多義性　122
構造保持仮説　85
拘束形態素　12
後置文　142, 145, 199
肯定的フェイス　178
構文文法　119, 122
後方照応的　170
公理　172, 177
語幹　17
語強勢　24, 36, 105
語形成条件　35
語根　16, 19
語順　63, 93, 141, 183, 191, 193, 195
個別条件　35
語用論　8, 157
混成　23
痕跡　77, 88
コントロール　91
コントロール要素　91
コントロール理論　90

【さ】

最小対立　100
最小投射　63, 77, 85
最大投射　63, 85
最短距離原理　91
再調整規則　20

【し】

子音　99
子音結合　102
歯擦音　19
指示　115, 167
指示物　115
辞書　35, 123, 126

指示理論　128
時制素性　67, 82
実験音声学　110
指定部　62, 85
指定部・主要部の一致　69, 81, 188
史的英語学　4
視点　151, 201
視点の一貫性　154, 201
シネクドキ　132
支配　63
指標　92
島　86
島の制約　86
社会言語学　6, 175
自由形態素　12, 18, 21
修辞疑問文　149, 161
自由　95
自由な移動　195
自由変異　101
重名詞句移動　195
樹形図　58, 185
主語コントロール　91
主語・助動詞倒置　191
主題　125, 140, 143
主題関係　124
主題役割　125
述語　125
受動態　119
受動文　77, 82, 153
主要部　25, 62, 77, 85, 186, 195
主要部移動　77
授与動詞の視点制約　202
受領者　121
順序づけ　15
順序づけのパラドックス　41-43
純粋疑問文　161
使用頻度　46
上位語　117
照応関係　92
上下関係　117

状態動詞　120
象徴　115
焦点　138, 142, 197
障壁　86
情報　137
情報の重要度　137, 198
情報の焦点　109
情報配列の原則　138, 197
省略　23, 142, 145, 167-170, 198
新情報　138, 146
心的辞書　127
心理言語学　6
真理値　158, 163

【す】

遂行節　162
遂行節削除　163
遂行接頭辞　162
遂行接尾辞　164
遂行動詞　162
遂行文　162, 163
遂行分析　162, 163
推論　159, 174
数量詞　195
数量詞繰り上げ　196

【せ】

生産性　20, 24, 44
生成文法　4, 8, 136
成分分析　129
接辞　15
節点　59, 88
接頭辞　12, 26
接頭辞化　13, 35
接尾辞　12, 106
接尾辞化　13, 35
ゼロ派生　23, 48, 105
潜在的移動　192
選択制限　128
選択体系機能文法　136

索　引

前提　139, 157, 159
前方照応性　163

【そ】

総合文　158
相補分布　101
束縛　93
束縛理論　93
阻止　46
素性照合　81, 188

【た】

第1強勢　21, 105
帯気音　101
題述　140
対照強勢　109
対照言語学　6
対称詞　153, 203
対称詞の視点ハイアラーキー　153, 203
対象物　120
代入　77
代用　167-170
他動性　120
短母音化　38
談話法規則違反のペナルティー　140

【ち】

着陸地点　85
着陸地点の条件　85
中間投射　63
調査要請疑問　158
直示的　167
直接形　149
直接発話行為　159
直喩　131
チョムスキー　4, 9, 136

【つ】

通時的英語学　4

【て】

堤喩→シネクドキ
適性束縛条件　88, 93, 193
適切性条件　160
テクスト　166
テクスト性　166
テクスト内照応的指示　168
添加　12, 35
伝統文法　8

【と】

同一指示　92, 163, 167
同一指標　92, 163
同音異義語　116
統語論　7, 54, 75
等時間隔的　111
投射　63

【な】

内在的順序づけ　41
内心性　63
内心複合語　26
内容語　108
なわ張り　147

【に】

二項対立的　128
二重目的語構文　119, 121, 142
日英語対照　126, 164, 183
日本語　27, 99, 102, 110, 126, 164, 183, 186
任意解釈　91
認知意味論　119
認知科学　6

【は】

拍→モーラ
派生　12, 14
派生接(尾)辞　14, 16

発語内の力　163
発話　157
発話行為　157
発語内行為　157
発話当事者の視点ハイアラーキー　154, 201
破裂音→両唇閉鎖音
範疇　55
範疇化　129

【ひ】

引き寄せ　81, 83, 92, 191, 195
否定的フェイス　178
非派生語彙項目　38
品詞　25, 55, 105
品詞変換　13

【ふ】

フェイス　178
付加　77, 194, 196
付加構造　64, 69
付加詞　64
複合語　18, 21, 22, 106
複数形　18
普遍文法　9
プロトタイプ　129
文強勢　108, 138, 176
分析文　157
分節　102
文体的倒置　145, 147
文法　2
文法形式　119
文法的結束性　167

【へ】

平叙文　157
変形　77

【ほ】

母音　99

母音交替　39
母音変異　39
包摂関係　133
補部　62, 186
補文　71, 81, 188
補文標識　55, 71, 183, 188, 191
補文標識句　56, 71, 184, 188
ポライトネス　165, 176

【ま】

摩擦音　101

【み】

右側主要部の規則　25-28

【む】

無気音　101
無声音　19, 99

【め】

名詞句からの外置　145
名詞句の情報の重要度　141
命題　158, 163
メタファー　131
メトニミー　132

【も】

文字どおりの意味　117, 119, 157, 159
目的語コントロール　91
モーラ　104

【ゆ】

有声音　19, 99

【よ】

要請疑問文　161
与格構文　142

【り】

リズム原理　110

索 引

両唇閉鎖音　101
隣接性　132

【る】

類似性　131

【れ】

レベル順序づけの仮説　37, 41, 44, 46
連続循環的　87

【ろ】

論理形式　192

【わ】

話題化　194

α移動　77, 192
C統御　88, 93
D構造　76, 78, 162, 192
FTA　178
IS A条件　26
LF　192, 196
NP移動　77, 81, 83, 86, 192
OV言語の情報配列　197
PF　192
PRO　90
S構造　76, 192
to不定詞　48, 71, 79, 90
V繰り上げ　68, 77
WH移動　77, 81, 86, 192
Xバー理論　59, 61, 66, 183

著者紹介

高橋　勝忠（たかはし　かつただ）

大阪市生まれ。立命館大学文学部卒。甲南大学大学院人文科学研究科修士課程修了。甲南大学大学院人文科学研究科博士課程中途退学。福岡大学人文学部講師・助教授を経て，現在は京都女子大学文学部教授。University of Essex（2003年から2004年，在外研究）。

主な著書・論文は『派生形態論』（英宝社），『英語学用語辞典』（三省堂，項目執筆），『言語学からの眺望 2003』（九州大学出版会，分担執筆），「接辞のPP補助部の継承」『英語青年』第135巻　第2号（研究社出版），「目的語の認知と行為連鎖の二方向性」『英語英米文学論輯』第9号（京都女子大学大学院文学研究科研究紀要）。"The Relation between Number Agreement and Auxiliary Reduction," *Descriptive and Applied Linguistics* 20（International Christian University）など。

福田　稔（ふくだ　みのる）

熊本県生まれ。熊本大学教育学部卒。甲南大学大学院人文科学研究科修士課程修了。イリノイ大学アーバナ・シャンペイン校修士課程修了。甲南大学大学院人文科学研究科博士課程単位取得満期退学。帝塚山学院大学講師・助教授，ハーバード大学客員研究員を経て，現在は宮崎公立大学人文学部教授。

主な著書・論文は『学校英文法と科学英文法』（研究社出版，共著），『英語学へのファーストステップ』（英宝社，共著），『現代英文法辞典』（三省堂，項目執筆），『最新英語構文事典』（大修館書店，項目執筆），"Head Government and Case Marker Drop in Japanese," *Linguistic Inquiry* 24（MIT Press）. "Particle Alternation and the Copy Theory of Movement"『言葉の絆 ― 藤原保明博士還暦記念論文集』（開拓社）など。

英語学セミナー　思考鍛練のための言葉学

2001年2月15日　初版発行
2011年4月10日　第2版第5刷発行

著　者　高橋勝忠／福田　稔
発行者　森　信久
発行所　株式会社　松柏社
　　　　〒102-0072　東京都千代田区飯田橋1-6-1
　　　　TEL 03 (3230) 4813（代表）
　　　　FAX 03 (3230) 4857
　　　　e-mail: info@shohakusha.com

装幀　　ペーパーイート
製版　　前田印刷（有）
印刷・製本　（株）平河工業社
ISBN978-4-88198-952-4
略号＝4027

Copyright © 2001 by Katsutada Takahashi & Minoru Fukuda
本書を無断で複写・複製することを禁じます。
落丁・乱丁は送料小社負担にてお取り替え致します。

◇松柏社の本◇

最近の研究成果を盛り込んだ英語学概論書

初心者にもなじみやすい日英対照を取り入れるなど、その語り口はあくまで平易でありながら、ミニマリスト・プログラム、語彙概念意味論、認知言語学、関連性理論、社会言語学、脳の話、さらにコーパス言語学も盛り込んだ、まさに新世紀にふさわしい英語学概論。

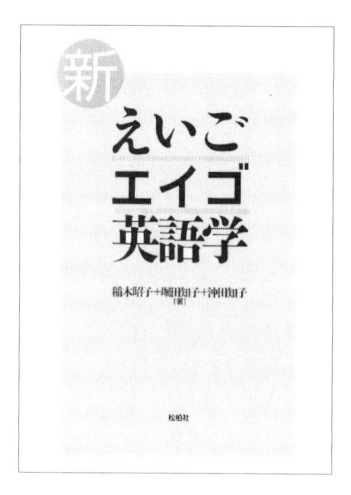

新 えいご・エイゴ・英語学

稲木昭子／堀田知子／沖田知子 [著]

●A5判●252頁●定価：本体2,500円＋税

http://www.shohakusha.com

◇松柏社の本◇

外国語学習成功者を徹底分析！

外国語学習成功者はどう学んだのか？多様なデータと理論から外国語学習法を徹底的に分析し、効果的な学習法の共通点を示すかつてない研究書！英語教育・外国語教育の研究を志す大学院生、研究者、現場の英語教師、すべての外国語学習者におくる必読の一冊！！

より良い外国語学習法を求めて
外国語学習成功者の研究

竹内　理［著］

●A5判●312頁●定価：本体2,500円＋税

http://www.shohakusha.com

◇松柏社の本◇

外国語教育における科学的研究

学際性を特徴とする外国語教育研究への独自のアプローチを模索した研究書。脳科学、認知科学、心理言語学、応用言語学、音声学、教育工学など、多岐にわたる分野の実証的研究の成果を、筆者らの研究成果と併せ、4つの章にまとめた。最終章では「認知理論にそった外国語教育」のあり方を提唱。

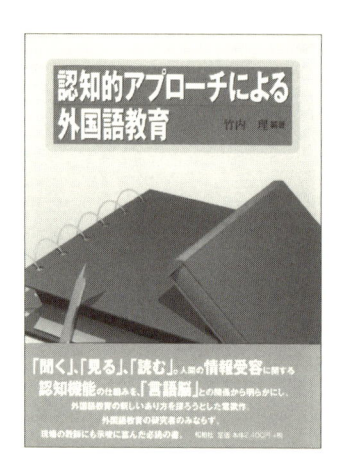

認知的アプローチによる外国語教育

竹内 理 [編著]

● A5判 ● 166頁 ● 定価：本体2,400円＋税

http://www.shohakusha.com